COCCINELLE

ET AUTRES JEUX

Französische Brett- und Folienspiele

von Beate Mosch-Mayer

Ernst Klett Verlag
Stuttgart Düsseldorf Leipzig

Inhalt

Vorwort

Spiele als Unterrichtsmethode haben sich mittlerweile einen festen Platz in der Fremdsprachendidaktik erobert und eine Flut an Spielen ist auf dem Markt zu finden. **Coccinelle et autres jeux** – zwölf weitere?

Neu an der vorliegenden Spielesammlung für den Französischunterricht: es handelt sich um Kopiervorlagen für den Einsatz als **Folienspiele** auf dem Overheadprojektor. Der große Vorteil liegt auf der Hand: die Spiele erfordern wenig Zeitaufwand zur Vorbereitung und können in jedem Klassenzimmer, das mit einem Overheadprojektor ausgestattet ist, problemlos verwendet werden. Der zusätzliche Materialaufwand ist gering: ein paar farbige, wasserlösliche Folienstifte und Würfel befinden sich wohl im Besitz einer jeden Lehrerin/eines jeden Lehrers. Als Spielfiguren werden Dinge verwendet, die dem Schulalltag entstammen, zum Beispiel eine Büroklammer, ein Radiergummi, eine Münze und so weiter; also alles, was klein ist und sich optisch auf dem Overheadprojektor unterscheiden lässt. Die Folien werden stets mit neuen Inhalten gefüllt und es können Varianten gespielt werden, so dass auch bei öfterer Verwendung Langeweile nicht aufkommt.

Fast alle Vorlagen der Spielfelder lassen sich aber auch, auf Papier kopiert, hervorragend als **Brettspiele** für die Gruppenarbeit und vor allem für die **Freiarbeit** einsetzen.

Die Spielesammlung umfasst Spiele zu folgenden Bereichen: **Grammatik**, **Wortschatz**, **Textarbeit** und **Landeskunde**. Als Thematik das Gebiet der Grammatik zu wählen entstand aus der Erfahrung, dass das Einüben und Wiederholen grammatikalischer Strukturen oft als langweilig empfunden wird; durch ein Spieleangebot lässt sich die **Motivation** der Schülerinnen und Schüler sowohl im Unterricht als auch in der häuslichen Nachbereitung in positive Bahnen lenken. Auch in den anderen angesprochenen Bereichen kann man mit einem Spiel Abwechslung in den Schulalltag bringen. Denn spielend lernen, wer möchte das nicht!

Die im Folgenden beschriebenen Spiele sind aus den Erfordernissen des Unterrichts heraus entstanden und ich habe sie über Jahre hinweg nicht nur im Rahmen meiner Fortbildungstätigkeit, sondern vor allem in der **Praxis** mit den Schülerinnen und Schülern getestet. Die Spiele sind auf den **unterschiedlichsten Niveaus** und den **verschiedensten Jahrgangsstufen** einsetzbar und fördern so bei Lernenden aller Altersstufen die **kommunikative Kompetenz**, vorausgesetzt der Spielleiter achtet darauf, dass auch alle Mitglieder einer Gruppe zum Zuge kommen. **Hörverstehen** und **Sprechfertigkeit** werden trainiert; durch Team- und Gruppenarbeit wird der **sozial-integrative Aspekt** des Spiels mit berücksichtigt.

Zum **Zeitaufwand** wurden bei der Beschreibung der einzelnen Spiele keine Angaben gemacht, da er nach Klassenstärke und dem Niveau der Schülerinnen und Schüler unterschiedlich ist.

Wie sind nun die Spiele **aufgebaut**? Jedes Spiel besteht aus einer ausführlichen Spielbeschreibung und einer oder mehreren Kopiervorlagen für die Spielfelder, die der Spielleiter je nach Wissensstand der Lernenden oder beabsichtigter Spieldauer auswählt. Die Vorlagen der Spielfelder werden zur Verwendung des Spiels von der Lehrerin/vom Lehrer auf eine Folie kopiert, die sozusagen das herkömmliche Spielbrett ersetzt. Bei einigen Spielen werden außerdem Arbeitsbeispiele oder Arbeitsblätter angeboten. Für zwei der Spiele, mit denen Tempora geübt werden („Temps forts“ und „Etoile“), befinden sich am Ende des Heftes Vorlagen für Spielkarten mit besonders gebräuchlichen Verben. Diese Seiten sollen auf festeres, möglichst farbiges Papier kopiert oder geklebt und auseinander geschnitten werden und können so immer wieder verwendet werden. Auf diese Weise kann die Lehrerin oder der Lehrer Verben aussondern, die die Lernenden noch nicht kennen. Ebenfalls im Anhang befindet sich ein Leerraster, in das der Spielleiter selbst Verben (oder auch Vokabeln) eintragen kann, die mit den Lernenden geübt werden sollen. Für die Spiele benötigt man des Weiteren farbige, wasserlösliche Folienstifte, bei einigen zusätzlich Würfel und Spielfiguren. Die genaue Anleitung ist im Abschnitt „Vorbereitung“ bei den einzelnen Spielen nachzulesen.

Und zu guter Letzt: Folgende Spiele kann man auch zum Üben verschiedener Bereiche in Kleingruppen als **Stationentraining** verwenden: „Temps forts“, „Compétition omnisports“, „Tour Eiffel“, „Le moulin“, „G7“, „Le triangle magique“ und „Pêle-mêle“. Dabei wird jedes der Spiele von der Lehrerin/vom Lehrer für zwei Spieler und einen Spielleiter vorbereitet. Die zum Spielen benötigten Unterlagen (Kopie des Spielfeldes, Würfel und so weiter) werden – für jedes Spiel getrennt – auf verschiedenen Schulbänken aufgebaut. Spielvorlagen, die beim Spielen markiert werden, müssen für nachfolgende Gruppen in mehrfacher Kopie zur Verfügung gestellt werden. Der Spielleiter sollte eindeutige Lösungen für die Arbeitsaufträge an der Hand haben. Die Klasse wird in Dreiergruppen aufgeteilt und jede Gruppe zieht nun von Bank zu Bank. Bei großen Klassen empfiehlt es sich, die einzelnen Stationen in doppelter Ausführung aufzubauen, damit immer alle beschäftigt sind. Die Rolle des Spielleiters sollte in der Gruppe wechseln. Für die Länge der Übungssequenzen bieten sich zwei Möglichkeiten:
a) Die Gruppen wechseln etwa nach 5 oder 10 Minuten die Stationen – nicht ohne vorher diese in den Originalzustand zurückversetzt zu haben. So können alle zu wiederholenden Bereiche angespielt werden.
b) Wenn viel Zeit zur Verfügung steht oder nur einige Spiele von der Lehrerin/vom Lehrer ausgewählt wurden, kann jede Gruppe das von ihr ausgewählte Spiel beenden, bevor sie selbstständig zur nächsten Station weiterzieht. Hierbei müssen nicht alle Stationen bearbeitet werden.

Und nun, viel Spaß für Sie und Ihre Schülerinnen und Schüler!

Beate Mosch-Mayer

1 Temps forts

Hinweise für den Unterricht mit Spielregeln

Folienspiel zur Wiederholung verschiedener **Tempora**, auch als **Brettspiel** einsetzbar.

Empfohlener Einsatz: Dieses Folienspiel umfasst sechs verschiedene **Spielvorlagen, 1A bis F**. So werden zum Beispiel mit Folie 1A Présent und Passé composé geübt, mit Folie 1F werden sieben verschiedene Zeiten wiederholt. Die Wahl der Folie richtet sich also danach, welche Zeiten die jeweilige Klasse oder Jahrgangsstufe bereits kennt. In Grund- und Leistungskursen wird mit Folie 1F eine besonders breite Wiederholung erzielt.

Vorbereitung: Benötigt werden die entsprechende Folienvorlage, 4 bis 6 Würfel, ein Spielstein pro Gruppe (die Spielfiguren sollten sich auf dem Overheadprojektor optisch gut unterscheiden, also zum Beispiel Büroklammer, Radiergummi, Münze und so weiter) sowie kleine Kärtchen mit verschiedenen regelmäßigen und unregelmäßigen Verben. Eine Auswahl solcher Verben ist auf den Seiten 44 bis 47 abgedruckt. Es empfiehlt sich die Verben auf festes Papier zu kopieren oder auf Karton zu kleben und dann auseinander zu schneiden.

Teilnehmer: 4 bis 6 Gruppen.

Spielregeln
Zunächst legt die Lehrerin/der Lehrer (L) die Folie auf den Overheadprojektor (OHP). Jede Gruppe erhält einen Teil der Kärtchen und einen Würfel und bekommt einen Spielstein zugewiesen, der auf dem Feld „DEPART" platziert wird. Der am OHP stehende Spielleiter (L) bewegt im Verlauf des Spiels die einzelnen Spielfiguren und fungiert als „Kontrolleur" für die Richtigkeit der Antworten. Der Würfel und das Reservoir an Kärtchen wird innerhalb der Gruppe von Spieler zu Spieler weitergegeben.
Spieler A von Gruppe 1 beginnt, indem er würfelt. Der Spielleiter zieht die Spielfigur des Spielers A auf das entsprechende Feld. Spieler A zieht ein Kärtchen aus dem Kärtchenreservoir und muss nun die richtige Form nennen. Hat der Spieler zum Beispiel eine 4 gewürfelt und das Verb „manger" gezogen, so muss er bei Folie 1A die Form „j'ai mangé" nennen. (Wahlweise ist danach ein vollständiger Satz mit der Form zu bilden: J'ai beaucoup mangé.) Ist die Antwort richtig, so bleibt der Spielstein auf der neuen Position sitzen. Ist die Antwort falsch, so wird der Spielstein auf die Position zurückgesetzt, auf der er sich vor dem Würfeln befand. Das Verbkärtchen wandert ins Reservoir zurück. Nun ist der erste Spieler der zweiten Gruppe an der Reihe.
Die Felder entsprechen Jokern, die Felder entsprechen Handicaps. Landet der Spielstein eines Spielers auf einem Joker, so darf der Spielstein um die entsprechende Anzahl an Feldern vorrücken oder es darf noch einmal gewürfelt werden. Bei einem Joker plus darf der Spieler ein Verb seiner Wahl in die jeweilige Zeit setzen. Landet der Spielstein auf einem Handicap, so muss die entsprechende Anzahl an Feldern zurückgesetzt werden. Sieger ist die Gruppe, die als erste das Ende des Parcours erreicht.

Variante

Auch als **Brettspiel** und zur **Freiarbeit** ist dieses Spiel geeignet. Dabei wird die Klasse in Gruppen von vier bis sechs Spielern aufgeteilt. Jede Gruppe erhält ihr eigenes Spielfeld, einen Würfel und ein Kärtchenreservoir. Die Kontrolle der Lösungen auf Richtigkeit muss dann durch einen Spielleiter (Schülerin oder Schüler aus der Gruppe) erfolgen, der eine Grammatik verwenden darf. Als richtige Lösungen werden in diesem Fall nur die einzelnen Formen und keine ganzen Sätze genannt.

Weitere Hinweise zum Kopierverfahren: Wie bereits erwähnt, umfasst dieses Spiel mehrere Spielvorlagen, die nach dem jeweiligen Kenntnisstand der Schülerinnen und Schüler (S) einzusetzen sind. L bleibt es vorbehalten, dem Lernniveau der S entsprechend die Verben herauszusuchen, die den S beim Einsatz des jeweiligen Spiels bereits bekannt sind. Empfehlenswert ist es die Verben auf verschiedenfarbige Kartons zu kopieren. So wäre es denkbar, für Folie 1A (Présent und Passé composé) alle bis dahin durchgenommenen Verben auf grünes Papier zu kopieren, alle Verben, die bis zur Verwendung der Folie 1B (Présent, Passé composé und Imparfait) dazugekommen sind, auf blaues Papier zu kopieren und so weiter. Diese Vorgehensweise erleichtert die Verwendung des Spiels parallel in den verschiedenen Jahrgangsstufen.

1A Temps forts (présent et passé composé)

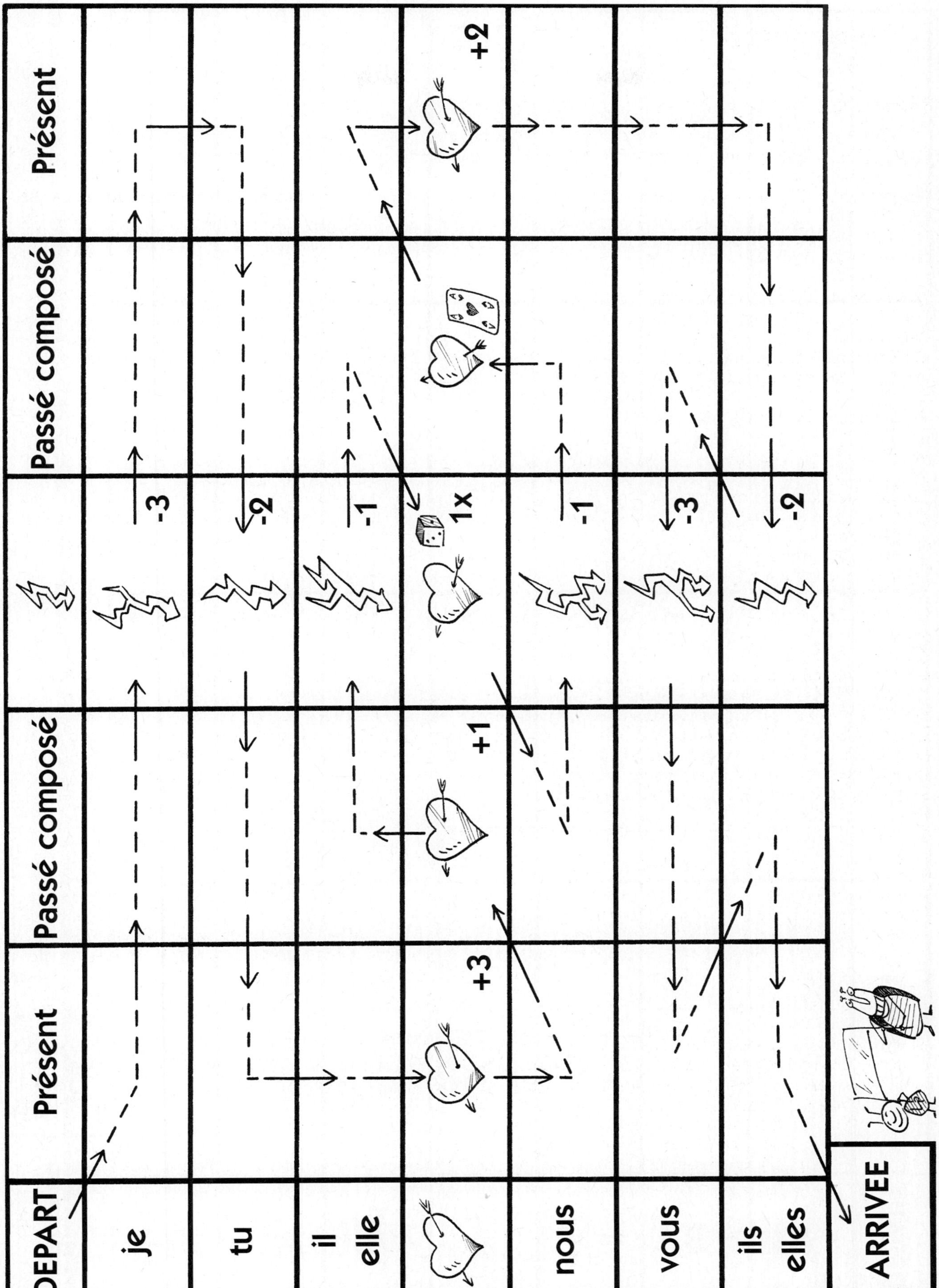

1B Temps forts (présent, passé composé et imparfait)

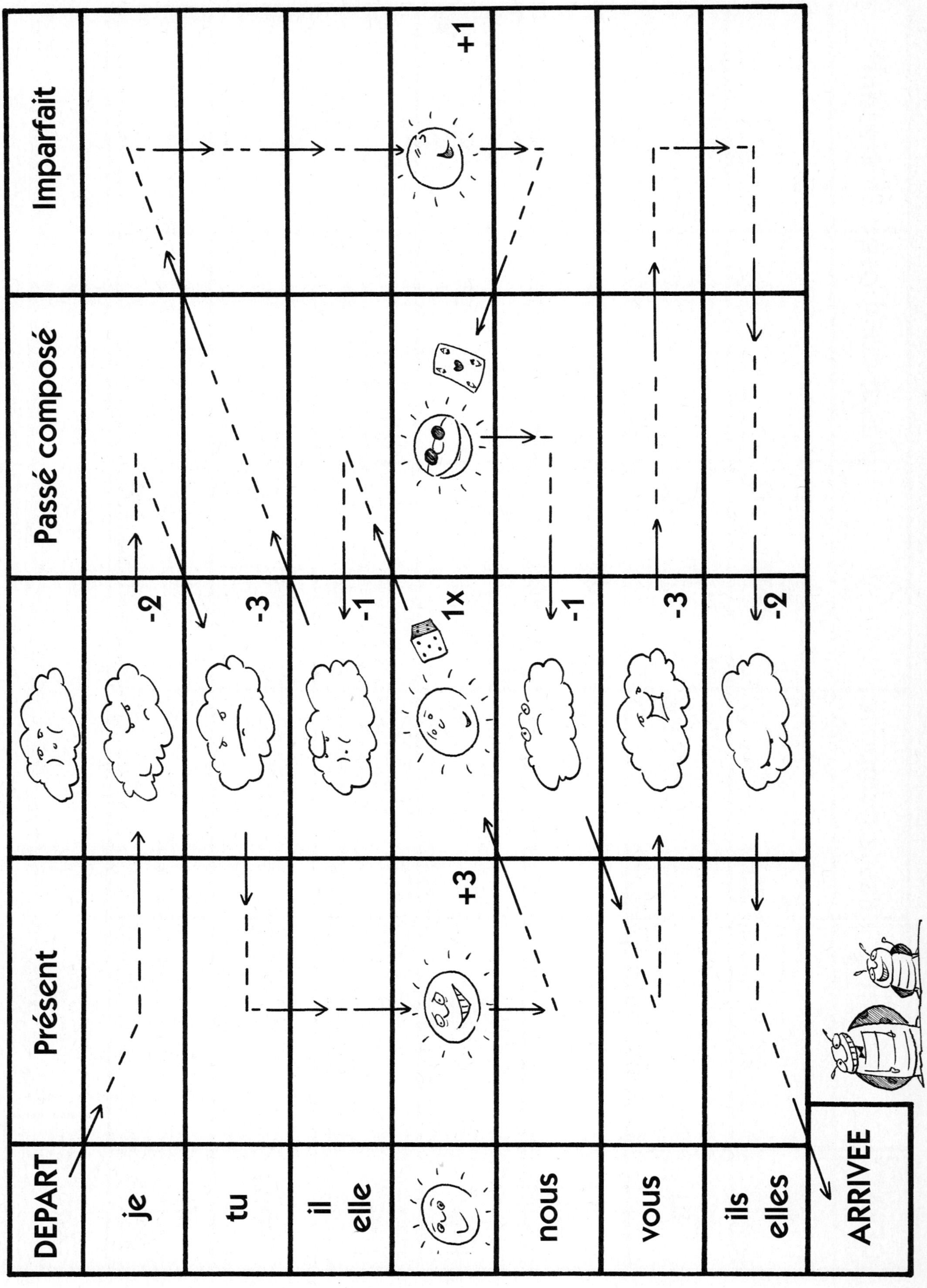

1C Temps forts (présent, passé composé, imparfait et futur simple)

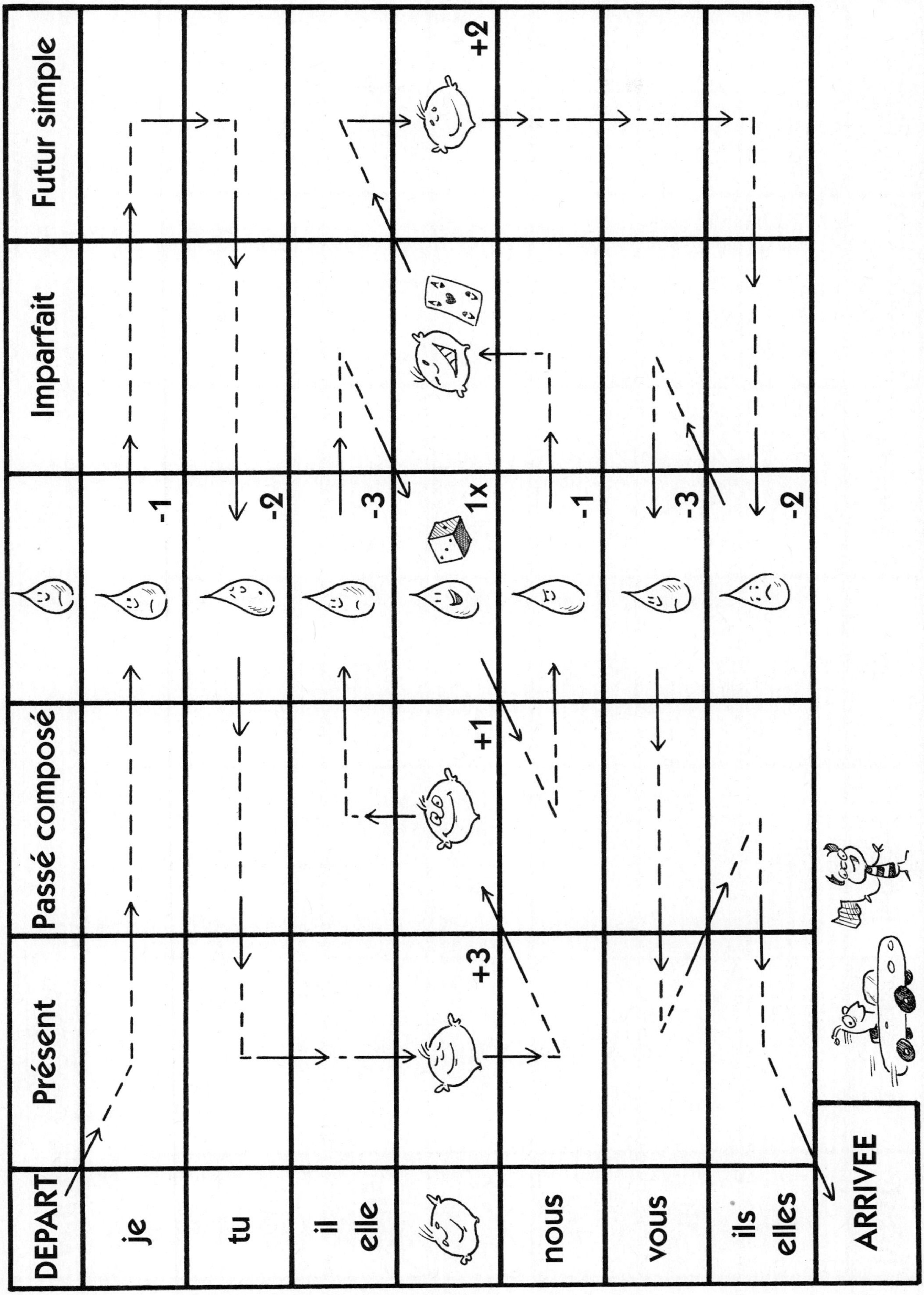

1D Temps forts (présent, imparfait, futur simple, conditionnel présent et passé composé)

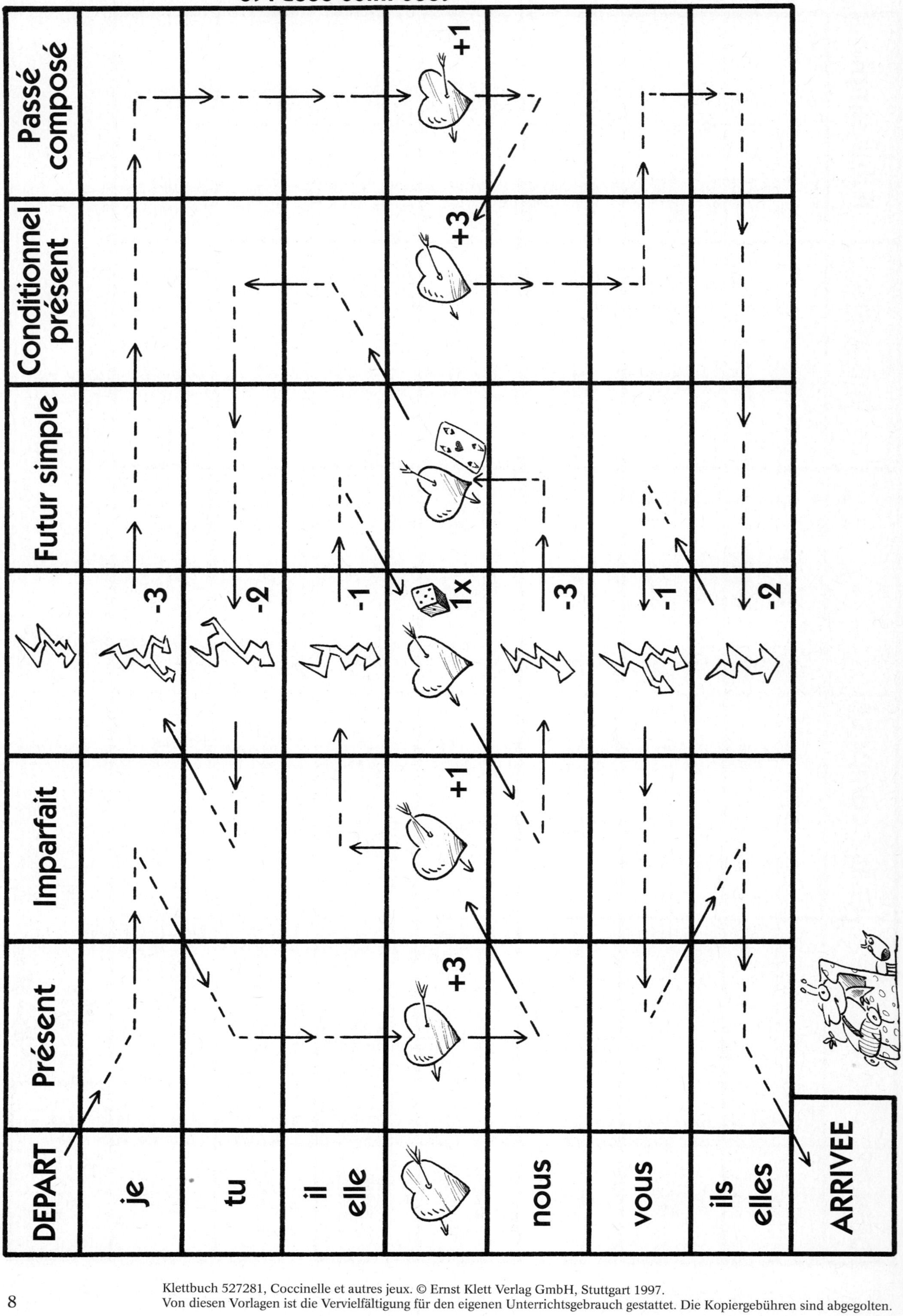

1E Temps forts (présent, imparfait, futur simple, conditionnel présent, subjonctif présent et passé composé)

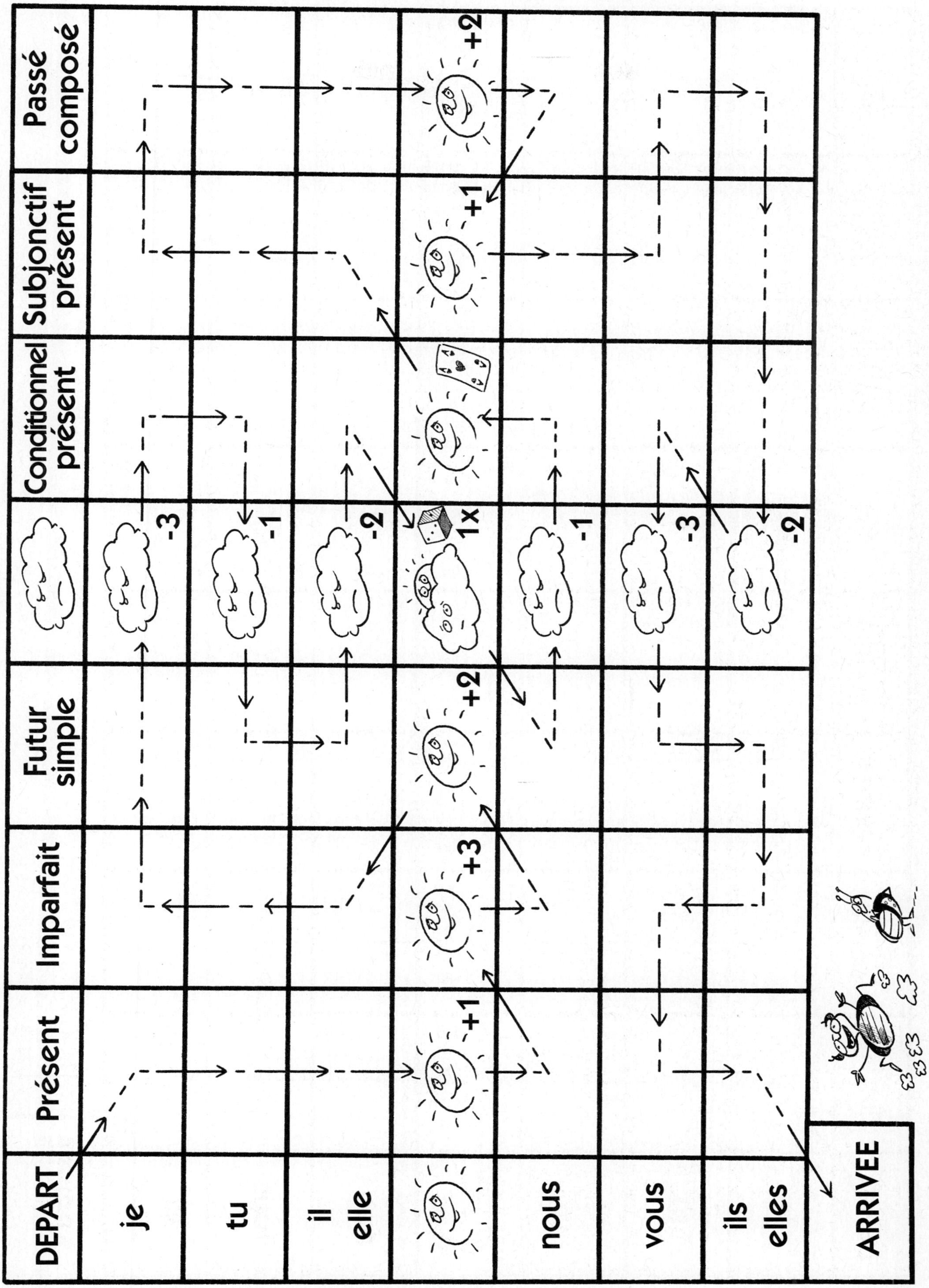

1 F Temps forts (présent, futur simple, imparfait, conditionnel présent, passé simple, subjonctif présent et passé composé)

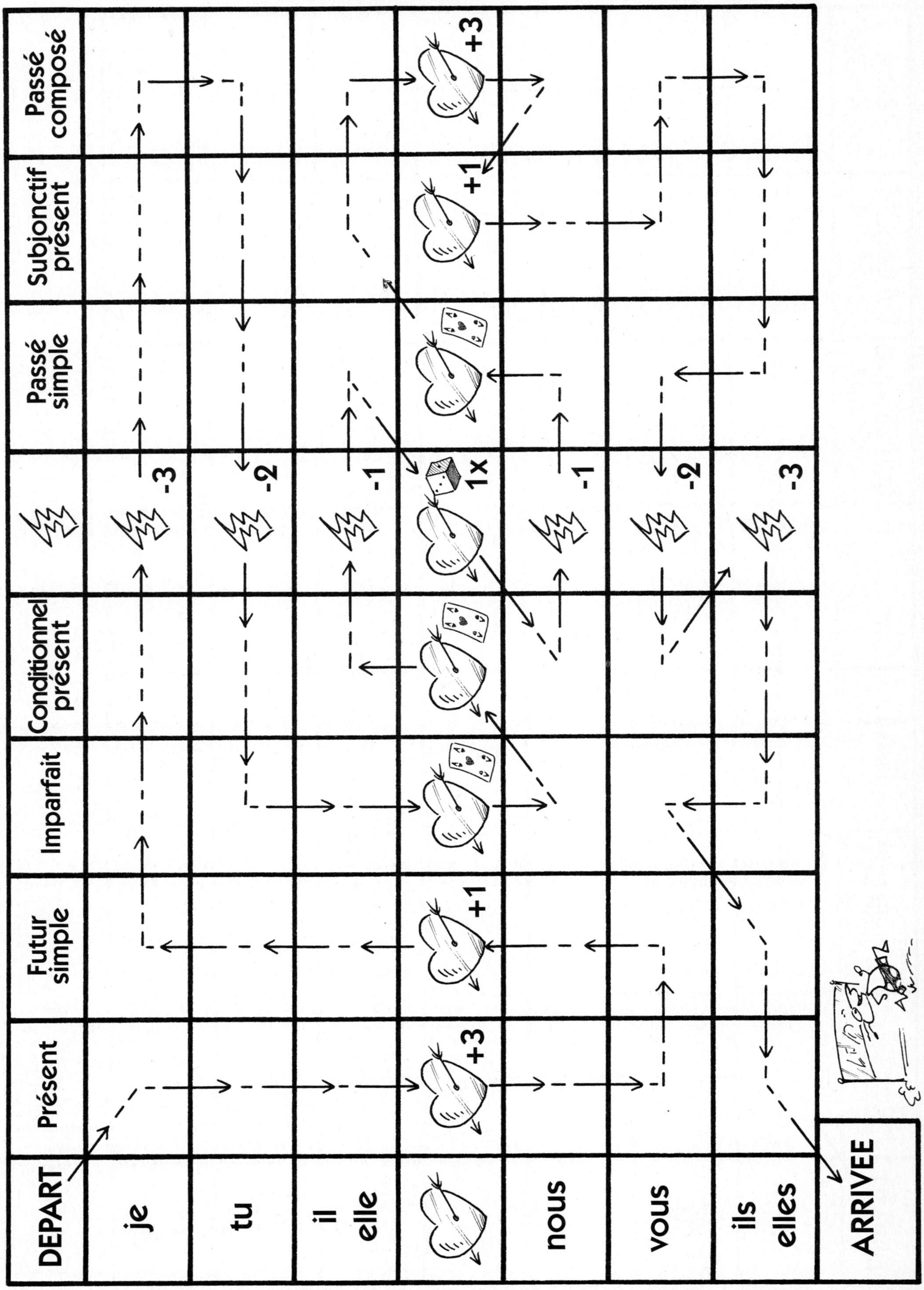

2 Compétition omnisports

Hinweise für den Unterricht mit Spielregeln

Folienspiel zur Wiederholung **einer Zeit** in allen Personen, auch als **Brettspiel** einsetzbar.

Empfohlener Einsatz: „Compétition omnisports“ kann unmittelbar nach der Einführung des entsprechenden Tempus im Unterricht zum Üben verwendet werden. Kopiervorlage 2A ist auf das Ende des 2. Lernjahres abgestimmt (mittleres und oberes Niveau).

Vorbereitung: Benötigt werden die **Kopiervorlage 2A**, 2 verschiedenfarbige Würfelpaare (zum Beispiel 2 rote und 2 weiße) sowie 2 unterschiedliche Spielsteine. Auf der Spielvorlage wird in das freie Kästchen „TEMPS“ mit wasserlöslichem Folienstift das Tempus eingetragen, das geübt werden soll, zum Beispiel Passé composé.

Teilnehmer: 2 Gruppen.

Spielregeln
Zunächst wird die Spielvorlage auf den OHP gelegt und die beiden Spielfiguren werden auf dem Feld „DEPART“ platziert. Der Spielleiter (L) bewegt im Verlauf des Spiels die Spielfiguren und fungiert als „Kontrolleur“ für die richtigen Antworten. Die Klasse wird in zwei gleich große Gruppen aufgeteilt. Jede Gruppe erhält einen roten und einen weißen Würfel.
Ein Spieler der Gruppe A beginnt, indem er mit beiden Würfeln würfelt. Die Augenzahl des roten Würfels zeigt die Zahl der Felder, die vorgerückt werden darf, zum Beispiel 3, also auf das Feld „lire“. Die Augenzahl des weißen Würfels gibt die Person an, in der das entsprechende Verb konjugiert werden muss, und zwar nach folgendem Schema: 1 = 1. Person Singular, 2 = 2. Person Singular, 3 = 3. Person Singular, 4 = 1. Person Plural, 5 = 2. Person Plural, 6 = 3. Person Plural. Würfelt also der Spieler von Gruppe A mit dem weißen Würfel die Zahl 1, so muss er in unserem Beispiel die Form „j'ai lu“ nennen. (Wahlweise ist danach ein vollständiger Satz mit der Form zu bilden: J'ai lu ce livre.) Ist die Antwort richtig, darf der Spielstein auf dem Feld „lire“ bleiben. Bei falscher Antwort muss der Spielstein auf das Feld zurück, auf dem er vor dem Würfeln stand, in unserem Beispiel also auf „DEPART“. Nun ist in gleicher Weise der erste Spieler der Gruppe B an der Reihe. Da sich alle S aktiv am Üben und Wiederholen beteiligen sollen, ist darauf zu achten, dass die Würfel innerhalb der jeweiligen Gruppe weitergegeben werden.
Sieger ist die Gruppe, die als erste ihren Spielstein auf „ARRIVEE“ platzieren kann.

Varianten

- Bei einer **falsch** genannten Form darf die Gegenpartei einen Pluspunkt machen und bei richtig gegebener Antwort um ein Feld nach vorne rücken.
- Es darf **hinausgeworfen** werden. Diese Variante verlängert zwar die Spieldauer, erhöht aber erfahrungsgemäß den Reiz des Spiels für die S.
- „Compétition omnisports“ kann auch als **Brettspiel** für jeweils zwei S und zur **Freiarbeit** verwendet werden. Dazu muss die Spielvorlage für jedes Spielerpaar kopiert werden. Die S bringen am besten ihre eigenen Würfel mit. Die Kontrolle der Lösungen könnte durch einen Spielleiter (dritte Schülerin oder dritter Schüler) erfolgen, der eine Grammatik verwenden darf. In diesem Fall werden als Lösungen nur die einzelnen Formen, keine ganzen Sätze genannt.

Kopiervorlage 2B
Die **freie** Kopiervorlage 2B kann von L je nach Bedarf mit Verben ausgefüllt werden, die beim Üben des jeweiligen Tempus besondere Probleme bereiten. Sie ist daher auch zum gezielten Wiederholen vor einem Test geeignet. Abwechslungsreich ist es auch, die Leerfolie in Zusammenarbeit mit der Klasse zu füllen.
Will man das Spiel zur gezielten Wiederholung von **Wortschatz** verwenden, müssen in die Leerfolie die entsprechenden Vokabeln (zum Beispiel zu einem Wortfeld oder einer Lektion) eingetragen werden. Die Klasse wird in zwei Gruppen aufgeteilt. Gewürfelt wird mit jeweils einem Würfel. Die Augenzahl des Würfels zeigt die Zahl der Felder, die vorgerückt werden darf. Als richtige Lösung muss der Spieler eine Definition des Wortes geben, das sich im erreichten Kästchen befindet. Ein Beispielsatz, aus dem die Bedeutung ersichtlich wird, ist erlaubt. L kontrolliert die Richtigkeit der Lösungen.

2A Compétition omnisports

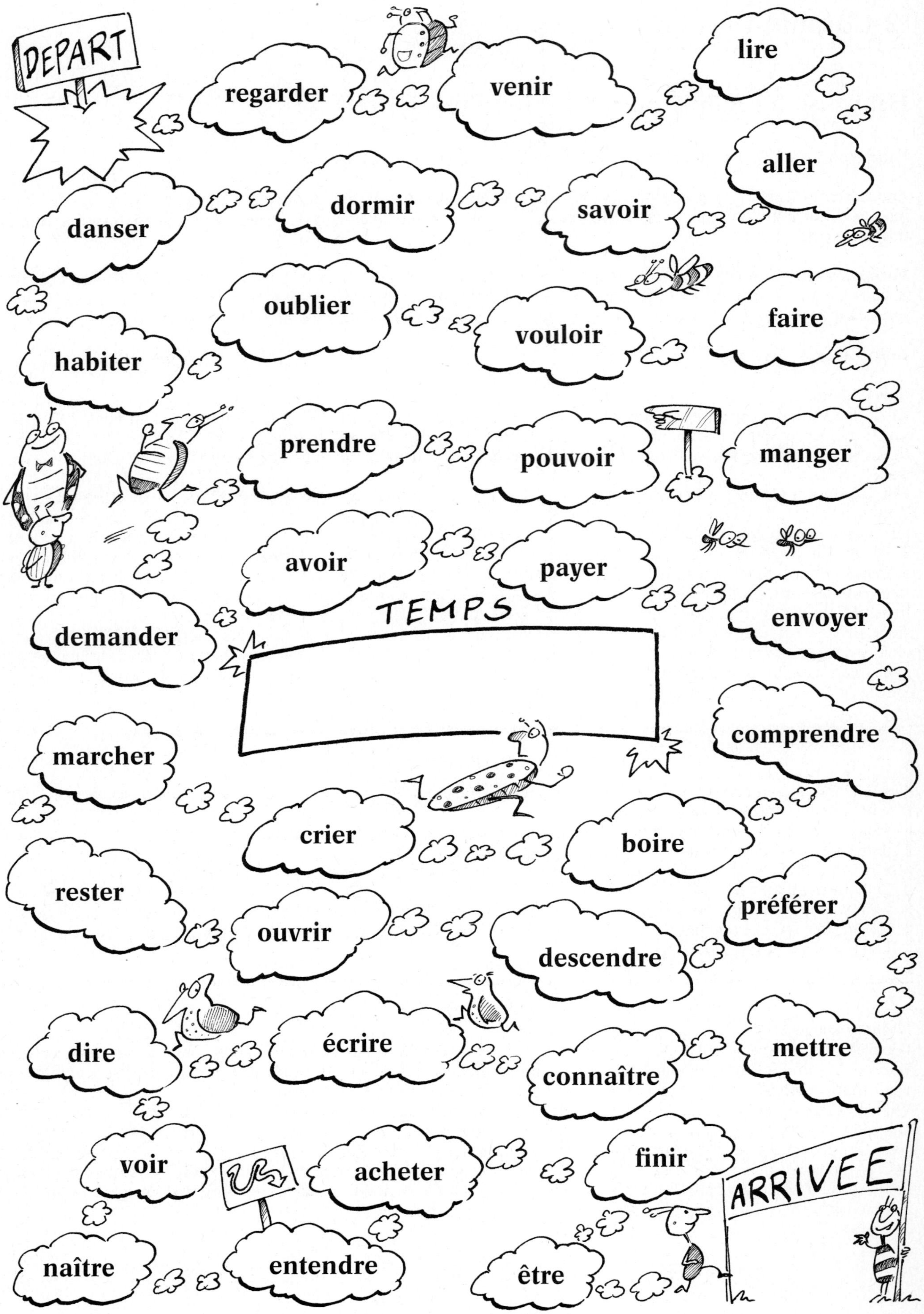

2B Compétition omnisports

3 Etoile

Hinweise für den Unterricht mit Spielregeln

Folienspiel zum Üben jeder beliebigen **Zeit**, auch als **Brettspiel** einsetzbar.

Empfohlener Einsatz: „Etoile“ kann unmittelbar nach der Einführung des entsprechenden Tempus im Unterricht gespielt werden.

Vorbereitung: Benötigt werden die **Kopiervorlage 3A**, 6 Würfel, 6 unterschiedlich geformte Spielsteine (zum Beispiel Münze, Büroklammer und so weiter), 2 wasserlösliche Folienstifte (zum Beispiel rot und schwarz) sowie ein Reservoir an Verbkärtchen (siehe Spielbeschreibung „Temps forts“, Seite 4).

Teilnehmer: 6 Gruppen.

Spielregeln
Die Folie 3A wird auf den OHP gelegt. Mit einem wasserlöslichen Folienstift wird das Tempus, das geübt werden soll, in das freie Kästchen eingetragen (zum Beispiel „Futur simple“). Der Spielleiter (L) setzt auf jedes der Startfelder A bis F einen Spielstein, der jeweils einer der sechs Gruppen zugeteilt ist. Jede Gruppe erhält einen Teil der Kärtchen und einen Würfel. Dieser Würfel dient zum Ermitteln der betreffenden Person, in der das Verb konjugiert werden soll, und zwar nach folgendem Schema: 1 = 1. Person Singular, 2 = 2. Person Singular, 3 = 3. Person Singular, 4 = 1. Person Plural, 5 = 2. Person Plural, 6 = 3. Person Plural.
Gespielt wird nun folgendermaßen: der Spielleiter setzt den Spielstein von Gruppe A auf das zugehörige Feld 1. Der erste Spieler der Gruppe A würfelt (zum Beispiel die Zahl 4) und zieht ein Verbkärtchen (zum Beispiel „avoir“). Er muss nun die richtige Form (nämlich „nous aurons“) nennen. (Wahlweise ist danach ein vollständiger Satz mit der Form zu bilden. Zum Beispiel: L'année prochaine, nous aurons beaucoup d'argent.) Ist die Lösung richtig, wird das Feld mit dem roten Folienstift markiert und der Spielstein verbleibt bis zur nächsten Runde auf dieser Position. In gleicher Weise verfahren die ersten Spieler der Gruppen B bis F. Nun ist Gruppe A wieder an der Reihe.
Beschrieben wird im Folgenden nur der jeweilige Spielzug der Gruppe A. Die anderen Gruppen verfahren analog. Nach jedem Spielzug wird gewechselt.
Der Spielleiter zieht nun die Spielfigur der Gruppe A auf das nächste, **seitlich anliegende** Feld, also Feld Nummer 3. Es darf nur über Linien, nicht über Spitzen gezogen werden! Der Spieler, der an der Reihe ist, würfelt und zieht ein Verbkärtchen. Bei richtiger Lösung wird das Feld Nummer 3 rot markiert, der Spielstein bleibt bis zur nächsten Runde auf dieser Position. Beim dritten Spielzug kann die Gruppe entscheiden, auf welches angrenzende Feld gezogen werden soll, nämlich Feld Nummer 2 oder 4. Die Nummerierung der Felder dient nur zur Orientierung für den Spielleiter und ist für die Inhalte nicht von Bedeutung.
Wählt die Gruppe Feld Nummer 2, so kann sie bei der nächsten Runde Feld 6 besetzen und sich in der Folgerunde zwischen Feld 5 oder 7 entscheiden.
Sieger ist die Gruppe, die als erste das große Feld „BUT“ erreicht.
Ist eine genannte Lösung falsch, so gibt es zwei Möglichkeiten:
1. Die Gruppe setzt einen ihrer beiden Joker ein: Ein Feld „J“ wird mit dem schwarzen Folienstift durchgestrichen und die Position, auf der sich der Spielstein befindet, in roter Farbe markiert.
2. Die nicht richtig gelöste Position wird schwarz markiert und darf nicht mehr als Ausgangspunkt verwendet werden.
Beispiel: Die Felder 1, 3, 2, 6 sind bereits erobert, bei Feld 7 wird eine falsche Lösung genannt:
- wird ein Joker eingesetzt, so kann als nächste Position Feld 13 angesteuert werden;
- wird kein Joker verwendet, so muss bei der nächsten Runde der Umweg über Feld 5 (und bei der Runde danach Feld 11), oder aber über Feld 4 (und in den Folgerunden Felder 8...9...15...), gewählt werden.

Felder, die von einer Gruppe befahren worden sind, dürfen von einer anderen Gruppe nicht mehr benützt werden. Diese Regel ist aus taktischen Gründen für die S sehr reizvoll. Die Abgrenzung kann, wenn nötig, noch durch ein Nachziehen der entsprechenden Seitenlinie des betreffenden Feldes mit einem andersfarbigen Folienstift erfolgen.

Variante

In gleicher Weise kann „Etoile“ auch von sechs einzelnen Spielern gespielt werden und ist somit als **Brettspiel** für kleine Gruppen und für die **Freiarbeit** geeignet. Die Kontrolle der Formen erfolgt durch einen Spielleiter (Schülerin oder Schüler) mit Grammatik. Als richtige Lösungen werden in diesem Fall nur die einzelnen Formen und keine ganzen Sätze genannt.

Siehe auch die **Kopiervorlage 3B**, Seite 16.

3A Etoile

3B Etoile 42

Folienspiel zur **Wortschatzarbeit**, das jederzeit zur Wortschatzwiederholung eingesetzt werden kann.

Vorbereitung: L muss vor der Stunde oder auch in Zusammenarbeit mit den S für die 42 Felder eine Liste von 42 Vokabeln erstellen, die geübt werden sollen. Bei dieser Variante werden keine Würfel benötigt.

Teilnehmer und **Spielregeln:** siehe die Beschreibung von „Etoile", Seite 14. Bei jedem Zug wird jedoch nicht ein Verbkärtchen gezogen, sondern der Spielleiter liest jeweils eines der Wörter von der Liste vor, das dann vom Spieler richtig erklärt werden muss. Jede Gruppe verfügt hier nur über einen Joker.

4 Bon voyage

Hinweise für den Unterricht mit Spielregeln und Arbeitsbeispiel

Folienspiel zum Gebrauch des **Artikels bei geographischen Bezeichnungen**, auch als **Brettspiel** einsetzbar.

Empfohlener Einsatz: in der Unterrichtsprogression nach der Einführung des Artikels bei geographischen Bezeichnungen (circa im 4. Lernjahr) bis hin zur Abiturvorbereitung.

Vorbereitung: Benötigt werden die **Kopiervorlage 4A**, 6 Würfel und 6 Spielsteine (die Spielsteine sollten sich optisch auf dem OHP unterscheiden), ein wasserlöslicher Folienstift sowie pro geographische Bezeichnung auf dem Spielfeld eine Gästekarte, also 32 Karten.
Kopiervorlagen für die Gästekarten finden sich auf der folgenden Seite. Sie sollten 8-mal auf festen Karton kopiert und ausgeschnitten werden.
Entsprechend dem Niveau und Wissensstand der S trägt L die geographischen Bezeichnungen in die Folie ein, gemäß rechts stehendem Beispiel. Siehe auch die Beispiele für geographische Bezeichnungen auf der folgenden Seite.
An die Tafel werden zu Beginn des Spieles folgende Verben geschrieben: 1 = aimer, 2 = connaître, 3 = arriver, 4 = venir, 5 = habiter, 6 = aller.

Teilnehmer: 6 Gruppen.

Spielregeln
Zunächst wird die Klasse in sechs Gruppen aufgeteilt, von denen jede einen Würfel erhält. Jeder Gruppe wird ein Spielstein zugeteilt und auf einen der Startplätze 1 bis 6 gesetzt. Der Spielleiter am OHP hat die Aufgabe, stellvertretend für die Gruppen die Spielsteine zu bewegen sowie die Richtigkeit der Lösungen zu überprüfen.
Jede Gruppe bereist nun die Welt und versucht so viele Länder, Regionen, Städte und so weiter wie möglich zu sammeln. Dies geschieht folgendermaßen: Ein Spieler der ersten Gruppe würfelt. Der Spielleiter zieht den Spielstein der Gruppe auf das gewünschte entsprechende Feld. Hat Gruppe 1 zum Beispiel die Zahl 2 gewürfelt, so kann der Spielstein im obigen Beispiel auf die Felder „Canada“, „Europe“, „Londres“ oder „Normandie“ gesetzt werden. Nun würfelt der gleiche Spieler nochmals. Die Zahl des Würfels zeigt nun an, welches der Verben an der Tafel verwendet werden muss. Der Spieler muss nun mit dem betreffenden Verb und dem gewählten Ort einen korrekten Satz bilden. Ist die Präposition/der Artikel in diesem Satz richtig genannt, erhält die Gruppe eine Gästekarte und die betreffende Position wird farbig markiert. Diese Position kann nun zwar noch besucht werden, eine weitere Gästekarte gibt es dafür jedoch nicht mehr. Ist die Antwort falsch, erhält die Gruppe keine Gästekarte, die Position wird auch nicht markiert. Der Spielstein verbleibt auf der Position bis zur nächsten Runde. Nun sind in gleicher Weise die Spieler der anderen Gruppen an der Reihe.
Sieger ist die Gruppe, die nach der Vergabe aller Gästekarten die meisten Karten besitzt.

Varianten

- Man kann bei gleicher Spielweise auch ein **Zeitlimit** setzen: Sieger ist die Gruppe, die beispielsweise nach 20 Minuten die meisten Karten hat.
- **Bon voyage-Express:** Diese Variante bietet die Möglichkeit **schnellere Runden** zu spielen, so dass die einzelnen Gruppen öfters siegen können.

Vorbereitung: Für „Bon voyage“ werden Gästekarten mit vier verschiedenen Motiven angeboten. Diese Gästekarten werden in der linken oberen Ecke mit vier verschiedenen Farben markiert oder auf unterschiedlich farbiges Papier kopiert. In den gleichen Farben werden auch die Orte auf der Spielfolie mit wasserfesten Folienstiften markiert, und zwar nach folgendem Schema:
Blau: feminine Länder- und Regionennamen (= Motiv Bergsteigen)
Grün: Länder- und Regionennamen, die mit Vokal beginnen (= Motiv Radfahren)
Rot: alle maskulinen Ländernamen, Regionen und Provinzen (= Motiv Rudern)
Gelb: Ländernamen im Plural und alle Städtenamen (= Motiv Stadtbesichtigung)
Spielregeln: wie bei „Bon voyage“ beschrieben; Sieger ist die Gruppe, die als erste vier unterschiedliche Gästekarten erobert hat.

Fortsetzung auf Seite 18 oben

- Eine weitere Möglichkeit besteht im **Ausfüllen** der Folie in Kooperation **mit der Klasse**. Bei dieser Möglichkeit können auch gleich die Namen der Städte, Regionen und Länder wiederholt werden.
- „Bon voyage“ kann in gleicher Weise als **Brettspiel** für jeweils sechs Spieler und für die **Freiarbeit** verwendet werden. Dazu wird die ausgefüllte Spielvorlage 4A kopiert und den Spielern an die Hand gegeben. Weiterhin werden jeweils sechs Spielfiguren sowie ein Würfel und die Gästekarten benötigt. Gespielt wird wie oben beschrieben. Die Kontrolle erfolgt durch einen Spielleiter (Schülerin oder Schüler) mit Wörterliste und Grammatik.

Beispiele für geographische Bezeichnungen

Feminine Länder- und Regionennamen:
Basse-Saxe, Bavière, Belgique, Bourgogne, Bretagne, Finlande, France, Grèce, Hesse, Hongrie, Normandie, Norvège, Pologne, Rhénanie-du-Nord-Westphalie, Rhénanie-Palatinat, Russie, Sarre, Saxe, Saxe-Anhalt, Suède, Suisse, Thuringe, Tunisie ...
Namen von Erdteilen, Ländern und Regionen, die mit Vokal beginnen:
Afrique, Algérie, Allemagne, Alsace, Amérique du Sud, Angleterre, Asie, Australie, Autriche, Espagne, Europe, Ile-de-France, Italie ...
Namen von maskulinen Ländern, Regionen und Provinzen:
Bade-Wurtemberg, Brandebourg, Canada, Danemark, Liban, Luxembourg, Maroc, Mecklembourg-Poméranie occidentale, Poitou, Portugal, Québec, Schleswig-Holstein, Sénégal ...
Ländernamen im Plural und Städtenamen:
Berlin, Bordeaux, Brême, Bruxelles, Dresde, Etats-Unis, Francfort, Hambourg, Le Havre, Londres, Lyon, Marseille, Moscou, Munich, Paris, Pays-Bas, Rome, Vienne ...
Hinweis: Sollte ein langer Name nicht in ein Gepäckstück passen, so kann man im Einzelfall mit Eintrag am Rand und Sternchenverweis arbeiten.

Gäste-karten

4A Bon voyage

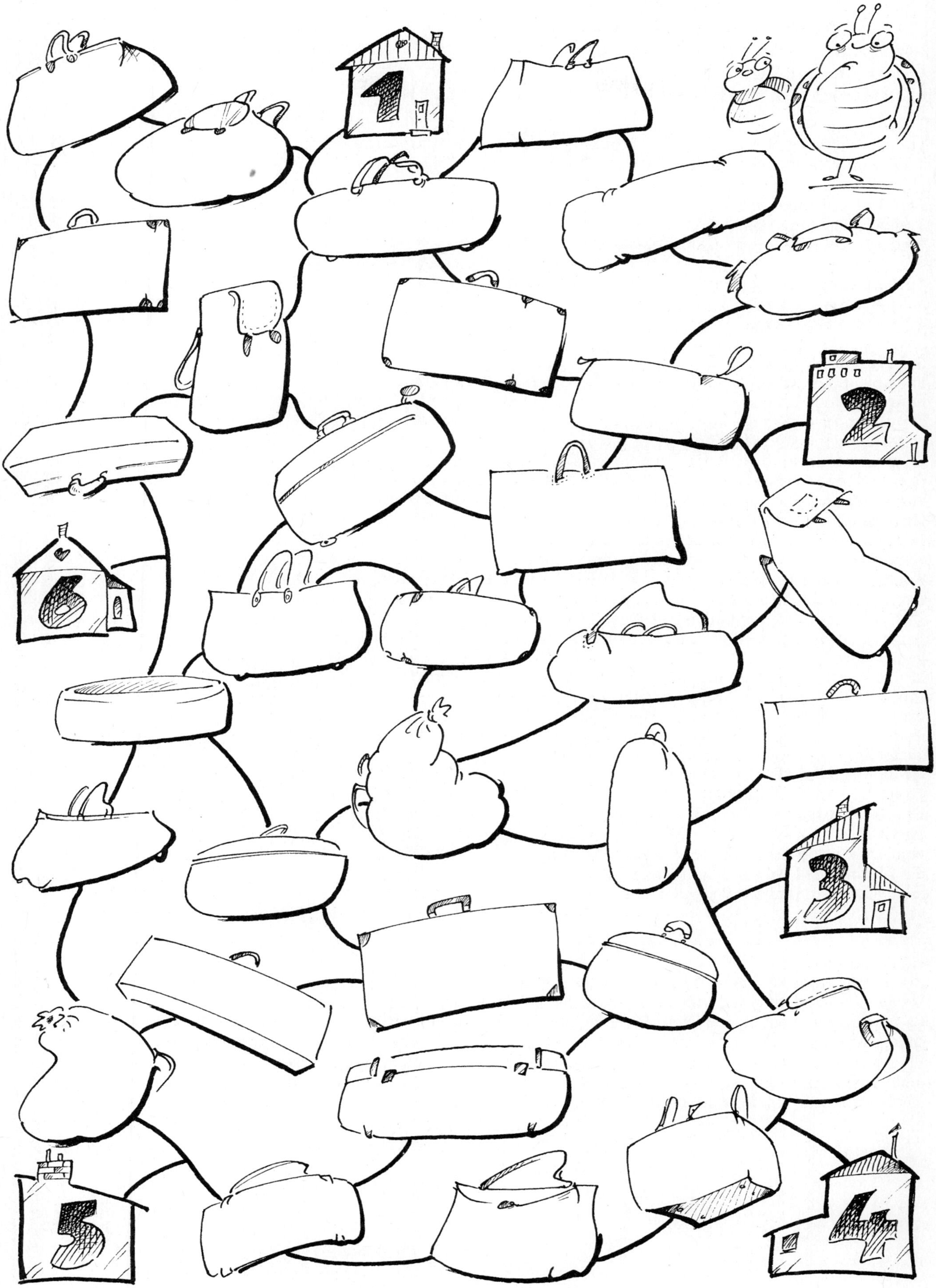

5 La maison des pronoms

Hinweise für den Unterricht mit Spielregeln

Mit dem **Folienspiel** „La maison des pronoms“ werden die **betonten und unbetonten Personalpronomen** sowie die **Adverbialpronomen y und en** in Alleinstellung und in Kombination geübt.

Empfohlener Einsatz: Es empfiehlt sich, Kopiervorlage 5A nach der Einführung aller oben genannten Pronomen sowie der Stellungsregeln circa im 3. beziehungsweise 4. Lernjahr einzusetzen. Das Spiel ist eine gute Vorbereitung für Tests und kann bis hin zum Abitur zur Wiederholung verwendet werden.

Vorbereitung: Benötigt werden die **Kopiervorlage 5A** und 4 verschiedenfarbige, wasserlösliche Folienstifte.

Teilnehmer: 4 Gruppen.

Spielregeln
Die Spielfolie wird auf den OHP gelegt. Die Klasse wird in vier etwa gleich große Gruppen eingeteilt und jede Gruppe erhält eine Farbe zugewiesen. Nun werden die Startplätze ausgelost. Dies kann zum Beispiel mit Münzen geschehen oder auch mit einem Würfel: die Gruppe, die die höchste Punktzahl würfelt, darf sich den Startplatz als erste aussuchen und so weiter.
Gespielt wird nun folgendermaßen: ein Mitglied der Gruppe 1 muss einen korrekten Satz mit „je“ bilden. Bei richtiger Lösung wird das Feld „je“ in der Farbe der Gruppe 1 markiert und ist nun Ausgangspunkt beim nächsten Spielzug. Ist die Lösung falsch, so wird das Feld nicht markiert, die Gruppe muss beim nächsten Spielzug einen erneuten Versuch starten. Nun ist ein Spieler der Gruppe 2 an der Reihe: er muss einen korrekten Satz mit „nous“ bilden. In gleicher Weise verfahren die Spieler der Gruppen 3 und 4.
Geht man davon aus, dass die Lösung von Gruppe 1 bei der ersten Runde korrekt war, so kann nun bei der zweiten Runde der nächste Spieler von Gruppe 1 zwischen den Feldern „moi“, „il“ und „lui“ wählen. Es darf also vertikal, horizontal und schräg gezogen werden. Gleiches gilt für die anderen drei Gruppen. Erreicht eine Gruppe ein Jokerfeld , so darf ein Satz mit einem beliebigen Pronomen gebildet werden. In den „oberen“ Etagen muss je ein korrekter Satz mit zwei Pronomen gebildet werden, zum Beispiel für „la/leur“: Pierre la leur donne. (Pierre donne la fleur aux jeunes filles.)
Ziel des Spiels ist es, den Kamin des Hauses als Erster zu erreichen.
Ein Feld, das von einer Gruppe bereits erobert worden ist, kann von den anderen Gruppen nicht mehr zum Ziehen verwendet werden. Manchmal gelingt es einer Gruppe den Gegner zu blockieren. Für diesen Fall gibt es eine weitere Regel: Jede Gruppe darf die von ihr bereits eroberten Felder als Ausgangspunkt benützen, auch wenn sie in einer „tieferen“ Etage liegen. Beispiel:
Gruppe 1 hat die Felder ☒ erobert,
Gruppe 3 blockiert durch die Felder ▨.
Die Kreise zeigen nun die Ausweichmöglichkeit für Gruppe 1:
vom eroberten Feld „il“ in der 2. Reihe aus kann das Nachbarfeld „se“ und dann das Feld „eux“ erobert werden und der Weg nach oben ist wieder frei.

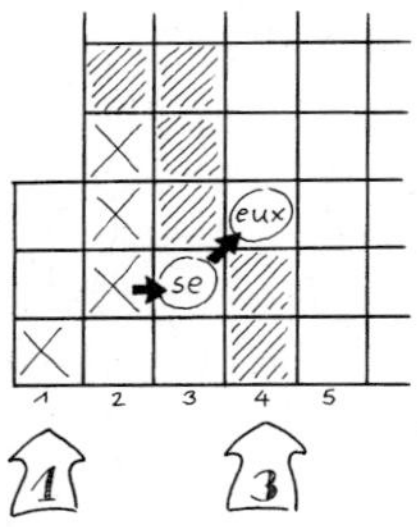

Kopiervorlage 5B
In die **freie** Kopiervorlage 5B kann L entsprechend dem Wissensstand der S selbst Eintragungen vornehmen. Diese Variante ermöglicht einen früheren Einsatz des Spiels und ein einfacheres Niveau.
La maison du vocabulaire: Diese Variante dient zur Wiederholung von **Wortschatz**. Die Wörter, die geübt werden sollen, werden in die Kästchen der Leerfolie 5B eingetragen, wobei sich die einfacheren Vokabeln in den unteren Etagen befinden sollten. Die Spielregeln sind die gleichen wie oben. Die S müssen als richtige Lösungen Definitionen, Synonyme oder Antonyme nennen. Auch Beispielsätze, aus denen die Bedeutung des Wortes klar hervorgeht, werden akzeptiert. L kontrolliert die Richtigkeit der Lösungen.

5A La maison des pronoms

5B La maison des pronoms

6 Coccinelle

Hinweise für den Unterricht mit Spielregeln

Folienspiel: „Coccinelle“ eignet sich zum Üben der **Demonstrativbegleiter,** der **Possessivbegleiter** und der **Possessivpronomen**. Es kann auch als **Brettspiel** verwendet werden.

Empfohlener Einsatz: „Coccinelle“ kann nach der Einführung der entsprechenden Pronomen und Begleiter im 4. Lernjahr gespielt werden. Soll das Spiel früher eingesetzt werden, so können unbekannte Pronomen und Begleiter durch bekannte auf dem Spielfeld ersetzt werden.

Vorbereitung: Benötigt werden die **Kopiervorlage 6A** und 18 Spielsteine, und zwar je 3 Käfer, Igel, Hasen, Vögel, Frösche und Mäuse. Am einfachsten sind diese Spielfiguren herzustellen, indem man die unten abgebildeten Entwürfe auf festen Karton kopiert und ausschneidet. Es können stellvertretend auch andere Gegenstände verwendet werden, die sich in fast jedem Schülermäppchen finden, sofern sie sich auf dem OHP optisch gut unterscheiden lassen: Büroklammern, Radiergummis, Pfennigstücke und so weiter. Außerdem wird für jede Gruppe ein Würfel benötigt.

Teilnehmer: 6 Gruppen.

Spielregeln
Die Spielfolie „Coccinelle“ liegt auf dem OHP. Der Spielleiter bleibt am OHP, bewegt die Spielfiguren und kontrolliert die Richtigkeit der Lösungen. Die Klasse wird in sechs Gruppen aufgeteilt. Jede Gruppe erhält einen Würfel und bekommt eines der oben genannten Tiersymbole zugewiesen.
Ein Spieler der Gruppe 1 beginnt, indem er würfelt, zum Beispiel eine 3. Der Spielleiter setzt den ersten Käfer auf das entsprechende Feld, also in unserem Fall auf das Feld „tes“. Nun muss der Spieler einen Satz mit „tes“ bilden. Ist die Lösung richtig, bleibt der Spielstein auf dem Feld. Bei einer falschen Lösung muss die Spielfigur zur Position, die sie vor dem Würfeln hatte, zurück. Nun ist Gruppe 2 an der Reihe.
Gezogen wird im Uhrzeigersinn. Ziel des Spiels ist für jede Gruppe, mit ihren drei Spielfiguren das entsprechende Ziel innerhalb des Spielfeldes zu erreichen. Alle drei Spielfiguren jeder Gruppe dürfen gleichzeitig unterwegs sein. Trifft eine Spielfigur auf ein Sonnenfeld, so muss ein französischer Satz gebildet werden, in dem ein Begleiter mit der deutschen Bedeutung „ihr/ihre/ihren“ vorkommt. Beispiele:
„die Frau und **ihre** Tasche“ ➜ „la femme et **son** sac“
„Die Kinder sehen **ihre** Eltern.“ ➜ „Les enfants voient **leurs** parents.“
Sieger ist die Gruppe, deren Spielfiguren als erste ihr Ziel erreicht haben.

Varianten

- Würfelt ein Spieler die **Zahl 6**, so darf erneut gewürfelt werden. Gegnerische Spielfiguren dürfen **hinausgeworfen** werden.
- „Coccinelle“ kann auch als **Brettspiel** für sechs Spieler und für die **Freiarbeit** verwendet werden. Die Kopiervorlage wird dazu auf Papier kopiert. Als Spielfiguren können dann auch bunte Kegel verwendet werden.

Variante „Coccinelle – La roue“, Kopiervorlage 6B
Die Regeln entsprechen im Wesentlichen denen von „Coccinelle“, jedoch wird die Klasse in **vier Gruppen** unterteilt. Gestartet wird mit den Figuren im **Inneren** des Rades. Gezogen wird im **äußeren** Kreis im Uhrzeigersinn, die Speichen des Rades dürfen in alle Richtungen benützt werden. Spielfiguren, die sich auf diesen Speichen befinden, dürfen von anderen Spielfiguren hinausgeworfen werden, wenn diese bei einem Zug auf dem gleichen Feld zu stehen kommen. Ziel des Spiels ist für jede Gruppe, mit ihren drei Spielfiguren das entsprechende Ziel **außerhalb** des Rades zu erreichen, und zwar: die Vögel -> das Vogelhaus, die Hasen -> die Karotten, die Käfer -> die Blume, die Igel -> den Garten. – „La roue“ kann auch als **Brettspiel** eingesetzt werden.

6A Coccinelle

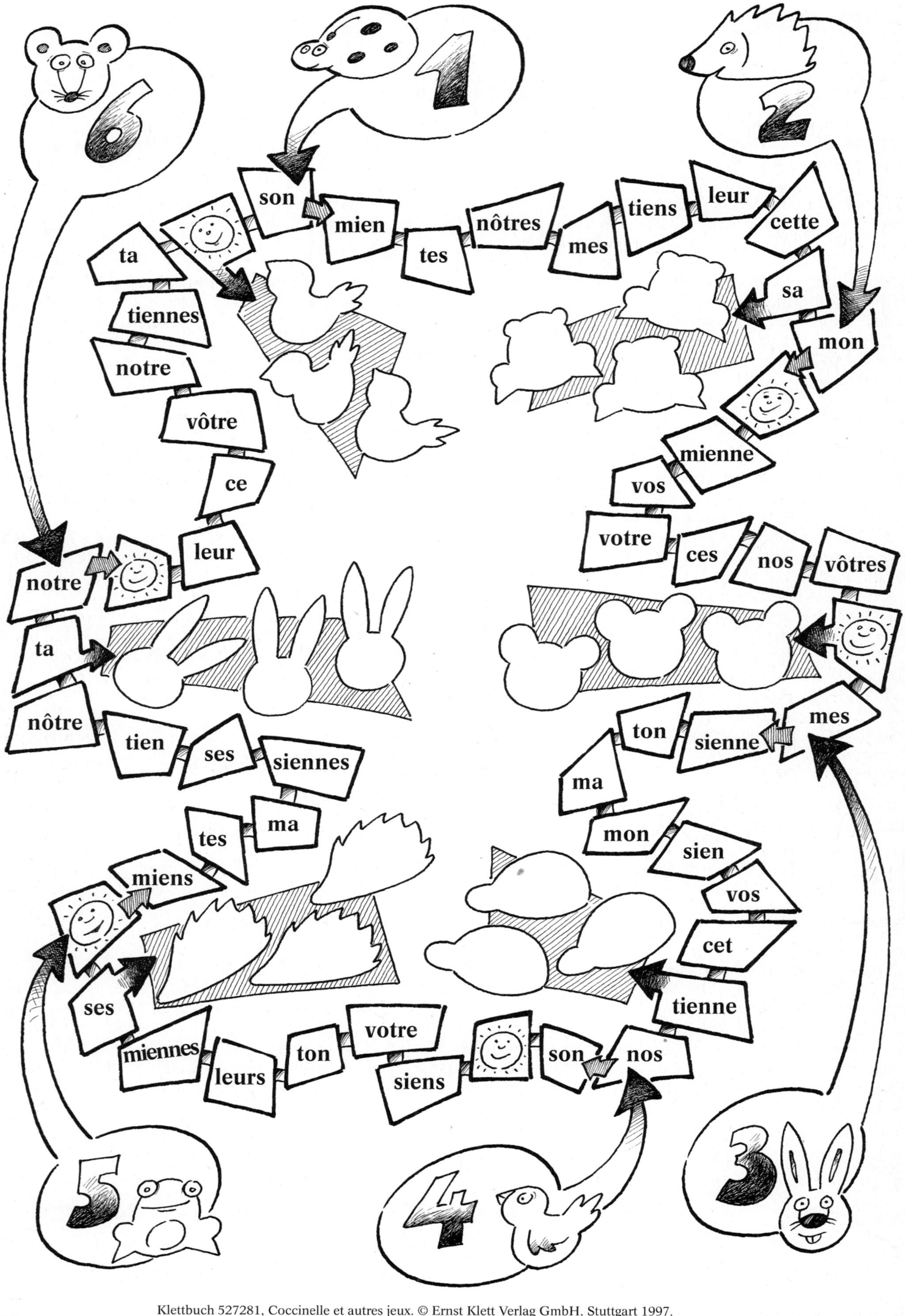

6B Coccinelle – La roue

7 Tour Eiffel

Hinweise für den Unterricht mit Spielregeln

Taktikspiel auf Folie: „Tour Eiffel“ kann für die **verschiedensten Bereiche der Grammatik** eingesetzt werden, zum Beispiel für Adjektive, Pronomen, Fragesätze, Relativsätze, Zeiten, Infinitivergänzungen, Präpositionen und so weiter. Es ist auch als **Brettspiel** für Gruppen- und Freiarbeit geeignet. Exemplarisch wird hier zunächst der Einsatz zum Üben von **Infinitivergänzungen** und **Präpositionen** beschrieben.

Empfohlener Einsatz: „Tour Eiffel“ kann nach der Einführung des betreffenden Grammatikstoffes, also bereits ab dem 1. Lernjahr, gespielt werden. Es ist zum Üben und Wiederholen bis hin zur Oberstufe geeignet.

Vorbereitung: Die **Spielfolie 7A,** „Tour Eiffel“, beinhaltet 25 Felder. Für jedes dieser Felder muss auf einem gesonderten Blatt ein Arbeitsauftrag oder Übungssatz, zum Beispiel ein Lückensatz, festgelegt werden. Benötigt wird weiterhin ein wasserlöslicher Folienstift.

Teilnehmer: 2 Gruppen.

Spielregeln
Die Spielfolie „Tour Eiffel“ liegt auf dem OHP. Der Spielleiter bleibt am OHP, stellt von dort aus die zu lösenden Aufgaben und kontrolliert die Richtigkeit der Lösungen. Die Klasse wird in zwei Gruppen aufgeteilt.
Ein Spieler der Gruppe A nennt eine Position auf der Spielfolie, zum Beispiel 8c. Der Spielleiter stellt die dazugehörige Aufgabe, zum Beispiel: „La famille décide _ partir bientôt.“ Bei richtig eingesetzter Präposition, also „de“, wird das Feld 8c als gelöst markiert. Nun hat die Gruppe A mehrere Möglichkeiten:
1. Ein weiteres Feld in der Reihe 8, das an das bereits gelöste Feld angrenzen muss, kann vom nächsten Spieler der Gruppe A bearbeitet werden, in unserem Beispiel also das Feld 8b oder 8d. Wählt unser Spieler zum Beispiel Feld 8b und nennt auch hier die richtige Lösung (Les élèves vont _ l'école. Lösung: à), so kann die gleiche Gruppe weitere angrenzende Felder erobern, also in unserem Beispiel zunächst die Felder 8a und 8d. In dieser Weise dürfen alle in einer Reihe stehenden Felder von einer Gruppe gelöst werden. Dann ist die andere Gruppe an der Reihe.
2. Nach einer richtigen Lösung kann sich die Gruppe, die am Zug ist, aus taktischen Gründen dafür entscheiden nicht mehr weiterzumachen. Dann ist die gegnerische Gruppe an der Reihe.
Ist eine dargebotene Lösung falsch, ist die andere Gruppe an der Reihe. Das betreffende Feld wird nicht markiert und kann erneut bearbeitet werden.
Wichtig ist, dass bei jedem Spielzug von einer Gruppe nur **aneinander grenzende** Felder in **einer** Reihe bearbeitet werden dürfen.
Sieger des Spiels ist, wer das letzte freie Feld für sich erobern kann. Stellt der Spielleiter fest, dass am Spielende absichtlich falsche Antworten gegeben werden, so tritt die Schummelregel in Kraft: die Gruppe, die als nächste eine richtige Lösung bietet, hat gewonnen.

Varianten

- Variante mit **drei Gruppen:** Hierfür benötigt man drei verschiedenfarbige, wasserlösliche Folienstifte. Die von den Gruppen eroberten Felder werden in der Farbe der jeweiligen Gruppe markiert. Platz 2 auf dem Siegertreppchen erhält die Gruppe, die die meisten Felder erobert hat.
- Variante **Brettspiel:** „Tour Eiffel“ kann auch von Kleingruppen in **Freiarbeit** gespielt werden. Eine Gruppe umfasst einen Spielleiter, der das Arbeitsblatt und die Lösungen in Händen hat, sowie mindestens zwei weitere Spieler. Die Kopiervorlage wird zum Spielen für jede Gruppe auf Papier kopiert.

Hinweise für andere Grammatikbereiche: Als Arbeitsaufträge eignen sich zum Beispiel auch:
- Sätze mit Substantiven, denen bestimmte Adjektive zugeordnet werden sollen (Nicole a une jupe (blanc). Lösung: une jupe <u>blanche</u>);
- Sätze mit unterstrichenen Satzteilen, die pronominalisiert werden müssen (Le garçon regarde <u>son père</u>. Lösung: Le garçon <u>le</u> regarde.);
- Antwortsätze, zu denen Fragen gebildet werden sollen (<u>La famille</u> arrive à 3 heures. Lösung: <u>Qui</u> arrive à 3 heures?);
- je zwei Sätze, die durch Relativpronomen verbunden werden können (Les élèves regardent le professeur. Le professeur corrige leurs cahiers. Lösung: Les élèves regardent le professeur <u>qui</u> corrige leurs cahiers.);
- Lückensätze mit Verben in Klammern, die in eine bestimmte Zeit/einen bestimmten Modus gesetzt werden müssen (Il faut que tu ____ (faire) tes devoirs. Lösung: Il faut que tu <u>fasses</u> tes devoirs.) und vieles mehr.

7A Tour Eiffel

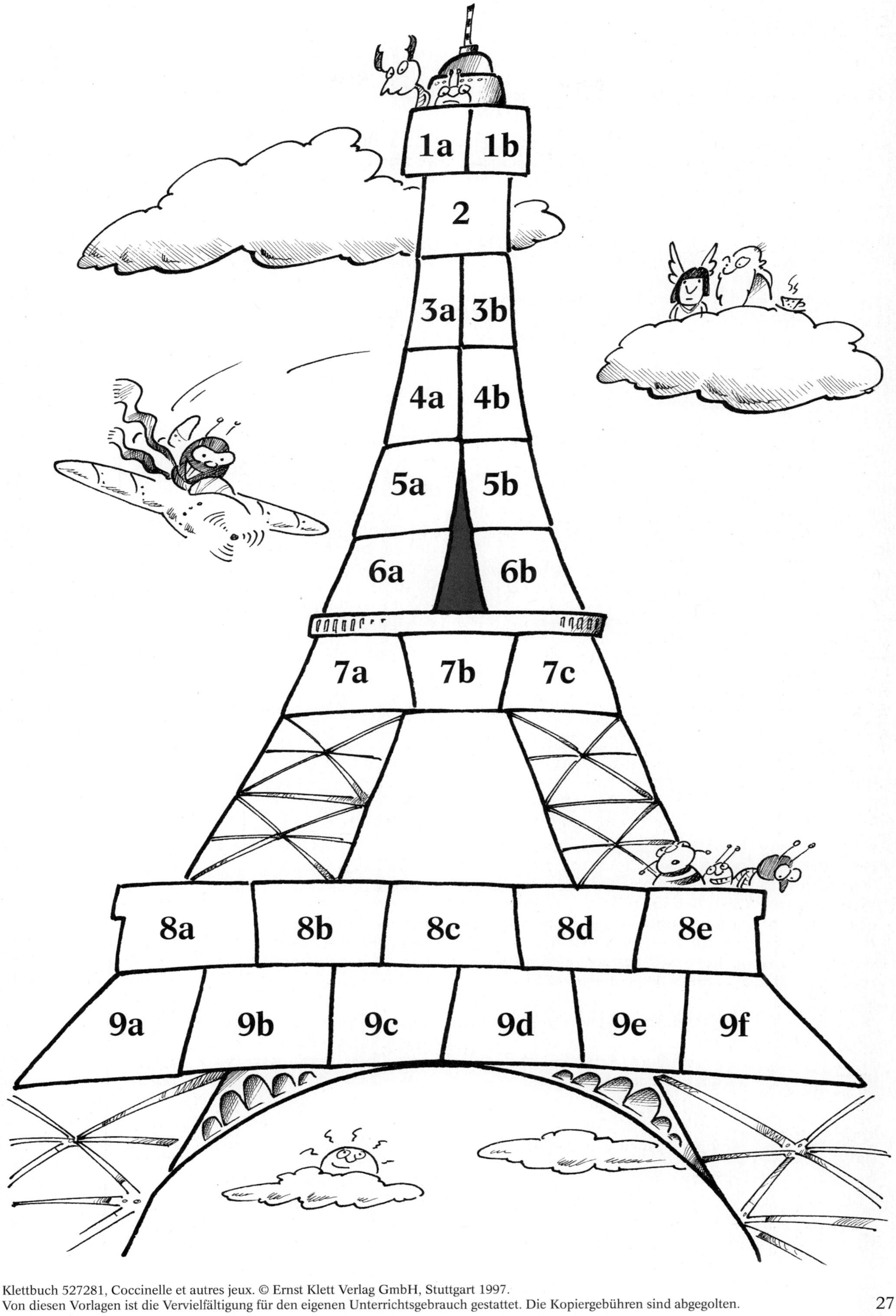

8 Le moulin

Hinweise für den Unterricht mit Spielregeln und Arbeitsbeispielen

„Le moulin“ ist ein **Folienspiel**, das auch als **Brettspiel** einsetzbar ist. Es kann zum Üben und zur Wiederholung in praktisch allen Bereichen von **Wortschatz** und **Grammatik** verwendet werden. Auch bei häufigerem Spielen verliert es seinen Reiz nicht, da es stets mit neuen Inhalten gefüllt wird. Exemplarisch ist zunächst die **Wortfeldarbeit** mit „Le moulin“ beschrieben.

Empfohlener Einsatz: „Le moulin“ kann in jeder Jahrgangsstufe verwendet werden, sobald der entsprechende Stoff, der geübt werden soll, eingeführt ist.

Vorbereitung: Benötigt werden die **Spielvorlage 8A** und 2 verschiedenfarbige, wasserlösliche Folienstifte. L bereitet ein Arbeitsblatt vor, auf dem für jedes der 24 Felder der Spielfolie ein zu erratender Begriff mit Definition festgelegt ist. Ein Beispiel für das Wortfeld „la ville“ befindet sich auf dem Arbeitsblatt, Seite 29.

Teilnehmer: 2 Gruppen.

Spielregeln
Die Folie wird auf den OHP gelegt. Nun wird die Klasse in zwei etwa gleich große Gruppen unterteilt. Jede Gruppe erhält eine Farbe zugewiesen.
Gespielt wird folgendermaßen: Gruppe A nennt eine Position des Spielfeldes, zum Beispiel 2. Der am OHP stehende Spielleiter liest die Definition 2 des Arbeitsblattes vor, das nur er in Händen hat: „On s'y informe quand on veut faire un voyage.“ Bei richtiger Lösung („l'agence de voyage“) wird das Lösungswort in der Farbe der Gruppe in das entsprechende Kästchen eingetragen. Ist die Lösung falsch, kann dieses Feld von der gegnerischen Gruppe zusätzlich erobert werden, wenn sie die richtige Lösung gibt. Nun ist die zweite Gruppe an der Reihe.
Ziel des Spiels ist es, möglichst viele Positionen nach dem unten abgebildeten Schema zu erobern. Am Spielende, wenn alle Positionen vergeben sind, werden die erworbenen Mühlen in Punkte umgerechnet. Sieger ist die Gruppe mit den meisten Punkten.
Umrechnungsmodus: Jede zu einer **Mühle** gehörige Position zählt als 1 Punkt, also:

= 3 Punkte

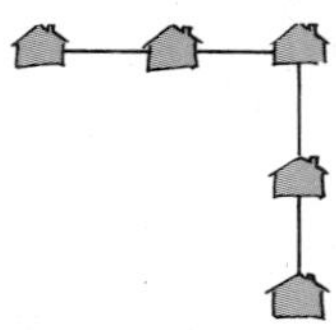
= 5 Punkte

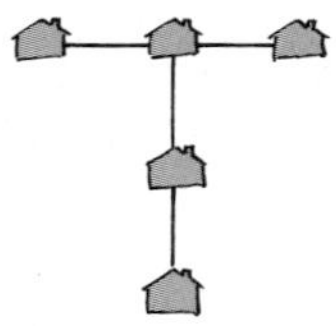
= 5 Punkte

Varianten

- In gleicher Weise kann „Le moulin“ auch als **Brettspiel** für jeweils zwei Spieler und einen Spielleiter und zur **Freiarbeit** verwendet werden. Dabei ist der Spielleiter eine Schülerin oder ein Schüler, die oder der die Richtigkeit der Lösungen anhand des vorliegenden Arbeitsblattes überprüfen kann.
- Eine leichtere Variante besteht darin, die Positionen der Folie nicht mit Zahlen zu bezeichnen, sondern stattdessen die **Anfangsbuchstaben** der gesuchten Wörter einzutragen.
- „Le moulin“ kann auch zur Wiederholung von **Adjektiven** verwendet werden. Dazu wird eine Liste mit 24 Adjektiven erstellt (siehe das Beispiel auf Seite 29). Die S müssen mit dem entsprechenden Adjektiv einen korrekten Satz bilden, zum Beispiel für die Position 9: „Au Quartier Latin, il y a des maisons intéressantes.“ Stellung und Aussprache müssen richtig sein; gegebenenfalls kann der Spielleiter die richtige Schreibung erfragen. Beim Einsatz als Brettspiel sollten ganze Sätze mit dem Adjektiv in Klammern vorgegeben werden, da nur so die richtige Lösung durch die Schülerin/den Schüler, die/der als Spielleiter fungiert, überprüfbar ist.
- Auch zum Üben von **Tempora**, **Artikel**, **Pronomen**, **Präpositionen**, **Relativsätzen** und so weiter ist „Le moulin“ einsetzbar. In jedem Fall muss ein Arbeitsblatt mit 24 Arbeitsaufträgen erstellt werden. Dies können Sätze mit Lücken sein, in die die entsprechende Zeit oder der entsprechende Artikel eingesetzt werden muss. Es können Beispielsätze mit unterstrichenen Satzteilen sein, die umgeformt werden müssen und so weiter. (Beispiele: Subjonctif: Je ne veux pas que tu ____ (faire) des bêtises. (Lösung: fasses) – Artikel: Pierre aime ___ bananes. (Lösung: les) – Pronomen: Mme Roc voit <u>la jeune fille</u>. (Lösung: la)) Bei komplexeren Übungen ist es empfehlenswert, das Arbeitsblatt (ohne die Lösungen!) den Spielern an die Hand zu geben.
- Zur **Textarbeit** mit „Le moulin“ werden 24 Fragen zu einem besprochenen Text gestellt.

Fortsetzung auf Seite 29 oben

• Variante mit **Monatsnamen:** In die 24 Kästchen werden anstatt der Zahlen 2-mal die Anfangs- und Endbuchstaben der zwölf Monate eingetragen. Die Spielregeln sind die gleichen wie oben. Im Lösungssatz muss der jeweilige Anfangsbuchstabe so oft wie möglich als Anfangsbuchstabe verwendet werden. (Beispiel für „J": En **j**anvier, **J**acques travaille au **J**apon.) In dieser Form ist „Le moulin" als Brettspiel für kleine Gruppen nicht geeignet, da die Kontrolle der richtigen Lösungen problematisch ist.

Beispiele für Wortschatzarbeit und Grammatikwiederholung mit „Le moulin"

Arbeitsblatt zur Wortschatzarbeit: Wortfeld „la ville" (je nach Niveau spätestens im 4. Lernjahr)

1. On y passe des films.	(le cinéma)
2. On s'y informe quand on veut faire un voyage.	(l'agence de voyage) (f)
3. Le maire y travaille.	(la mairie)
4. Il y a des trains à …	(la gare)
5. Quand on est malade, on y va.	(l'hôpital) (m)
6. On peut y louer une chambre.	(l'hôtel) (m)
7. On va au … quand on a faim.	(le restaurant)
8. C'est un endroit interdit aux voitures.	(la zone piétonne)
9. C'est la personne qui montre la ville aux touristes.	(le guide)
10. C'est une rue très large.	(le boulevard)
11. On y admire les peintures, les sculptures etc.	(le musée)
12. On peut y emprunter des livres.	(la bibliothèque)
13. C'est un endroit où on trouve des arbres, toutes sortes de plantes et de fleurs, des bancs etc.	(le parc)
14. C'est une partie de la ville.	(le quartier)
15. Elle a été construite par un certain Gustave.	(la tour Eiffel)
16. On y change de l'argent.	(la banque)
17. Quand il y a une amitié et des échanges entre deux villes, on parle de deux villes …	((les villes) jumelées)
18. C'est un moyen de transport.	(le métro)
19. Les gens qui l'habitent ne paient pas beaucoup de loyer.	(le/la HLM)
20 Notre-Dame en est une.	(la cathédrale)
21. C'est la rue la plus connue à Paris.	(les Champs-Elysées)
22. C'est un autre nom pour le „cœur" de la ville.	(le centre)
23. C'est ce qui se trouve autour d'une grande ville.	(la banlieue)
24. On y donne des informations aux touristes.	(l'office du tourisme) (m)

Arbeitsvorschläge zum Bereich Grammatik: Adjektive (je nach Niveau Anfang 2. Lernjahr beziehungsweise Anfang 3. Lernjahr)

1. bon	5. grand	9. intéressant	13. sympathique	17. noir	21. faux
2. joli	6. long	10. difficile	14. français	18. dernier	22. génial
3. petit	7. dangereux	11. bizarre	15. beau	19. fou	23. jeune
4. brun	8. bête	12. méchant	16. allemand	20. facile	24. nouveau

8A Le moulin

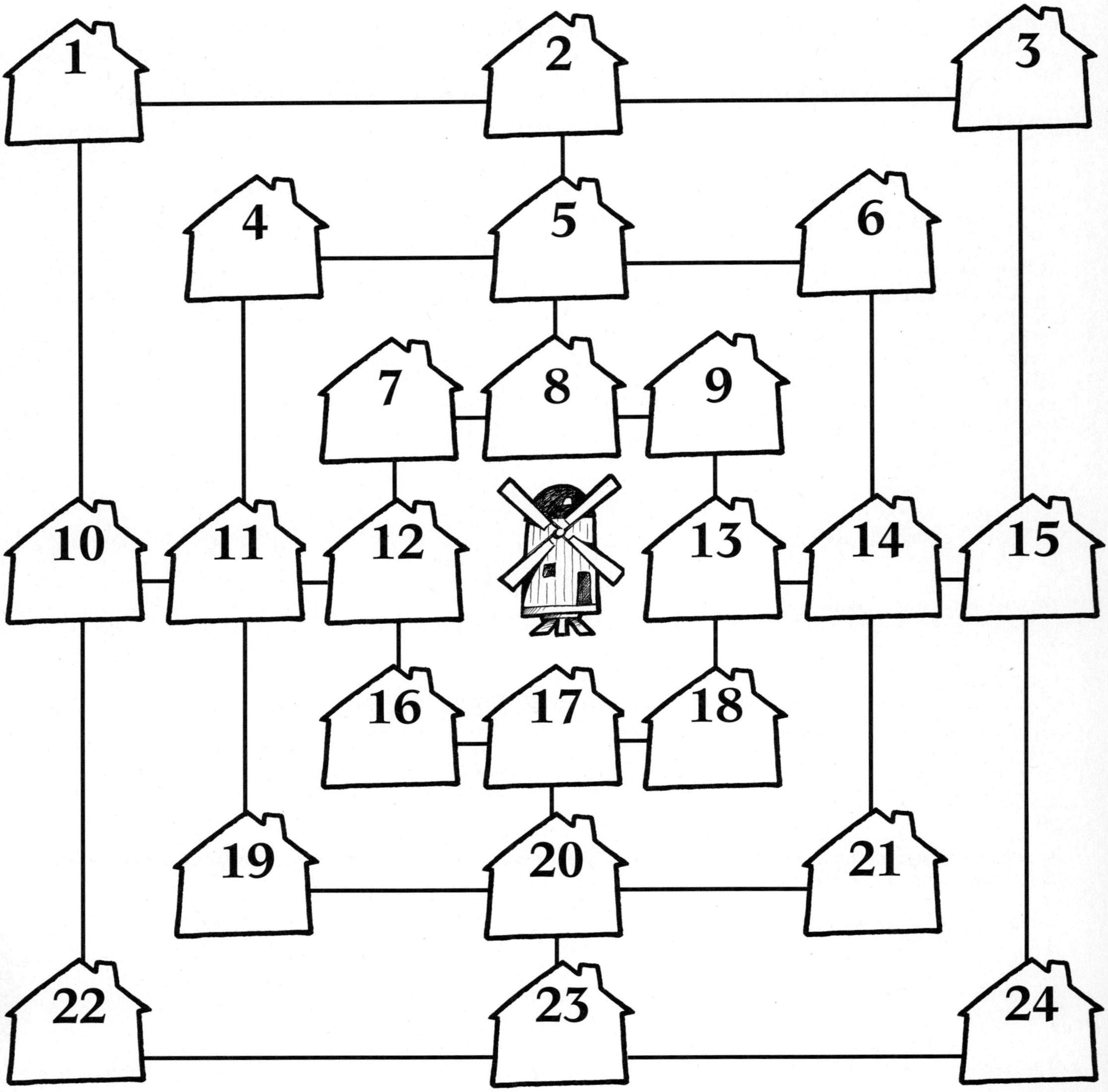

9 G7

Hinweise für den Unterricht mit Spielregeln

Folienspiel, das zur Wiederholung in den Bereichen **Grammatik**, **Wortschatz**, **Landeskunde** und **Textarbeit** eingesetzt werden kann. Der Vorteil dieses Spiels liegt darin, dass „G7“ für nur **einen** der genannten Bereiche Verwendung finden kann, dass aber auch **alle** diese Bereiche **in einem Spielvorgang** geübt werden können und dass L je nach Übungsintention Schwerpunkte setzen kann. Es kann auch als **Brettspiel** für die Gruppen- und Freiarbeit verwendet werden.

Empfohlener Einsatz: Ab dem 2. Lernjahr bis hin zur Oberstufe leistet „G7“ gute Dienste nach jeder Lektion oder Unterrichtseinheit, als „warming up“ zu Beginn des Schuljahres und vor allem zur Generalwiederholung aller oben genannten Bereiche vor einem Test.

Vorbereitung: In jedes der großen Kästchen der **Spielfolie 9A** trägt der Spielleiter ein Stichwort für die zu lösende Aufgabe ein. Auf einem gesonderten Blatt notiert er die zugehörigen 49 Arbeitsaufträge, die aus allen oben genannten Bereichen stammen können: Fragen zur Landeskunde, zu einem literarischen Text, zur Grammatik und zum Wortschatz.

Beispiel:

Feld	**Stichwort**	**Arbeitsauftrag**
G7	connaître	Conjuguez le verbe au présent!
F7	vendre	Quel est le contraire?
G6	la tisane	Expliquez ce mot!
E7	les CRS	Qu’est-ce que c’est?
F6	Chirac	Qui est-ce?
G5	La Peste	Qui est l’auteur de ce roman?

Benötigt werden, abgesehen von der Spielfolie „G7“, 2 Kopien des kleinen Spielfeldes auf Papier (siehe Kopiervorlage „G7“, Seite 33 links unten) und 2 verschiedenfarbige, wasserlösliche Folienstifte.

Teilnehmer: 2 Gruppen.

Spielregeln

Die Klasse wird in zwei Gruppen aufgeteilt. Gruppe A darf auf dem Spielfeld eine große Karotte und zwei kleine Karotten verstecken; Gruppe B darf eine Hasenmutter und zwei Hasenkinder platzieren.

Dies geschieht folgendermaßen: Jede Gruppe erhält eine Kopie des kleinen Spielfeldes und zeichnet darauf die Karotten beziehungsweise die Hasen ein, und zwar nach dem Schema, das auf der Spielfolie rechts unten abgebildet ist: die Minikarotten und die Hasenkinder füllen je ein Kästchen, die große Karotte bedeckt drei Kästchen in einer Reihe und die Hasenmutter bedeckt drei Kästchen in der Form eines „L“. Die Attribute der jeweiligen Gruppe dürfen sich an den Spitzen, nicht aber an den Seitenlinien berühren.

Der Spielleiter überträgt nun die Positionen auf die kleine Abbildung der Spielfolie, und zwar mit zwei verschiedenen Farben, zum Beispiel rot für die Karotten und blau für die Hasen.

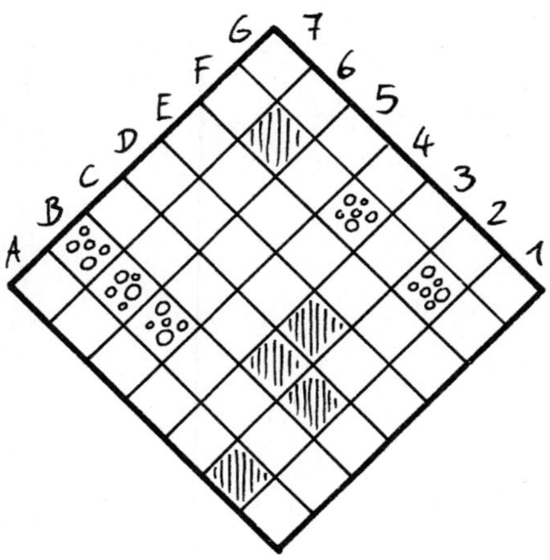

hier:  = Karotten oder: rot = Karotten

 = Hasen blau = Hasen

Die Spielfolie wird nun auf den OHP gelegt, wobei das kleine Spielfeld so abgedeckt wird, dass nur der Spielleiter es sehen kann. Der Spielleiter bleibt am OHP.
Ziel des Spiels ist nun für jede Gruppe, die Attribute der anderen Gruppe zu finden.
Gruppe A – auf der Suche nach den Hasen – beginnt, indem sie ein Kästchen auswählt. Der Spielleiter nennt die entsprechende Aufgabe. Ist die Lösung richtig, wird das Kästchen markiert und die Gruppe erfährt, ob sie einen Treffer gelandet hat: versteckt sich kein Hase auf dem Kästchen, so wird das Feld als gelöst durchgekreuzt. Versteckt sich dort ein Hasenkind oder ein Teil der Hasenmutter, so wird dieses Feld mit blauer Farbe markiert. Der Spielleiter teilt der Gruppe mit, ob sie ein Hasenkind oder einen Teil der Hasenmutter gefunden hat. Bei falscher Lösung wird das Feld nicht markiert und kann erneut bearbeitet werden. Nach jeder richtig oder falsch gelösten Aufgabe kommt die andere Gruppe zum Zug. Nun ist also Gruppe B an der Reihe und muss in gleicher Weise versuchen die Kästchen mit den Karotten zu finden.
Manchmal kommt es vor, dass ein Hase auf einer Karotte sitzt, dass sich also die Attribute der beiden Gruppen decken oder überschneiden. Beispiel:

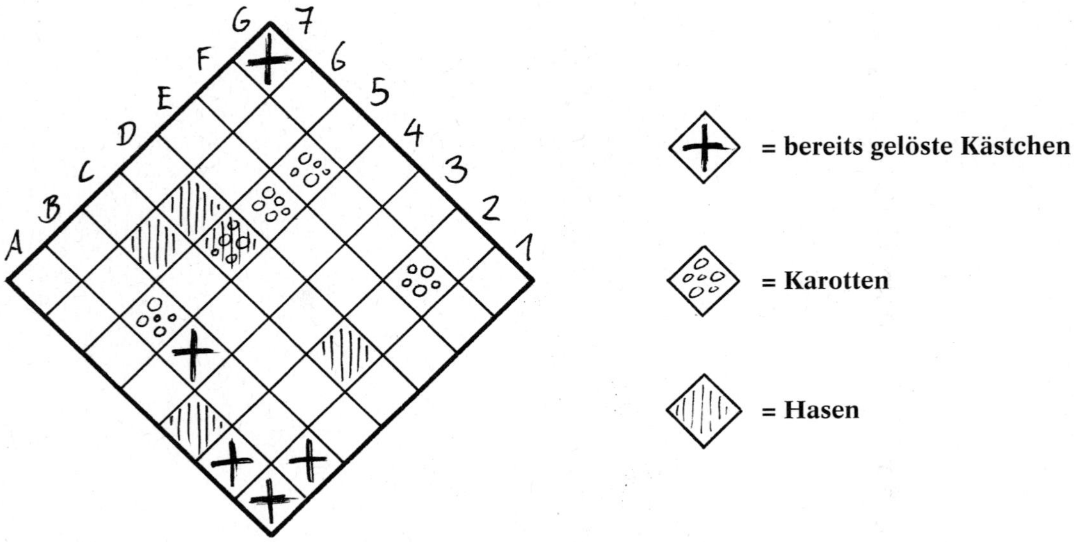

Wird ein solches Feld – im obigen Beispiel wäre es das Feld D5 – richtig gelöst, so müssen beide Gruppen erfahren, was sich darunter verbirgt, hier also ein Teil Karotte, ein Teil Hase.
Bei einer richtig gelösten Aufgabe wird also immer mitgeteilt, was sich auf dem entsprechenden Feld verbirgt, auch wenn sich die Gruppen gegen Ende des Spieles auf der Suche nach den gegnerischen Attributen an die eigenen Felder wagen müssen und damit riskieren, lediglich das eigene Versteck aufzudecken.
Gewonnen hat die Gruppe, die als erste alle gegnerischen Attribute gefunden hat.

Variante

„G7“ kann als **Brettspiel** für Gruppen von drei S zur **Freiarbeit** verwendet werden. Zwei S spielen gegeneinander, die/der dritte übernimmt die Rolle des Spielleiters. Dazu muss sie/er das Arbeitsblatt mit den Arbeitsaufträgen ebenso wie die entsprechenden Lösungen in Händen haben. Die Arbeitsaufträge müssen so gestellt sein, dass nur eine Lösungsmöglichkeit in Frage kommt.

Hinweis: Wenn das Ziel erreicht ist, sollten zu **Übungszwecken** alle noch verbleibenden Felder gelöst werden. Dies kann man als weiteren Wettbewerb gestalten: Gewonnen hat die Gruppe, die von den restlichen Kästchen die größere Anzahl richtig lösen kann.

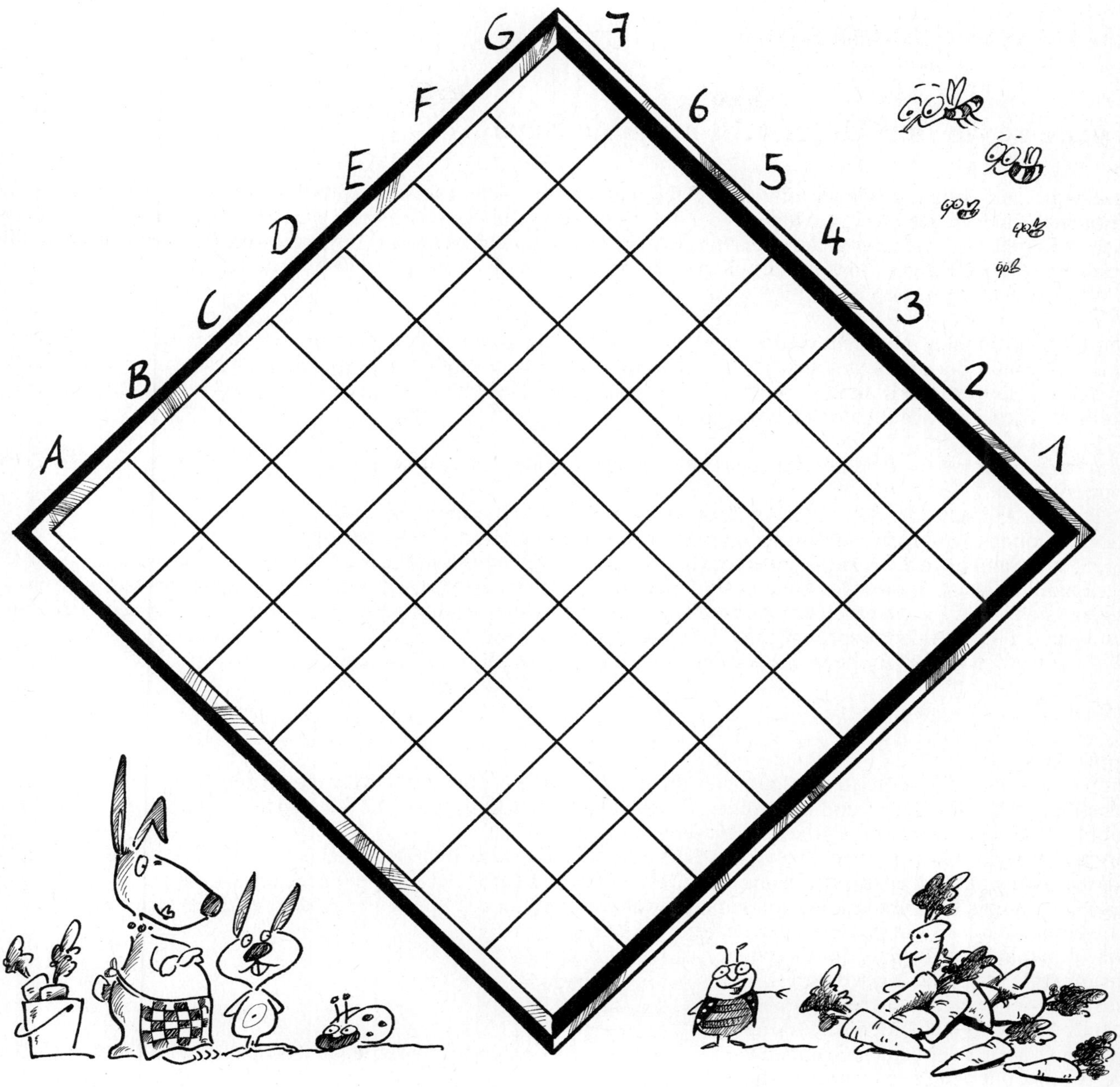

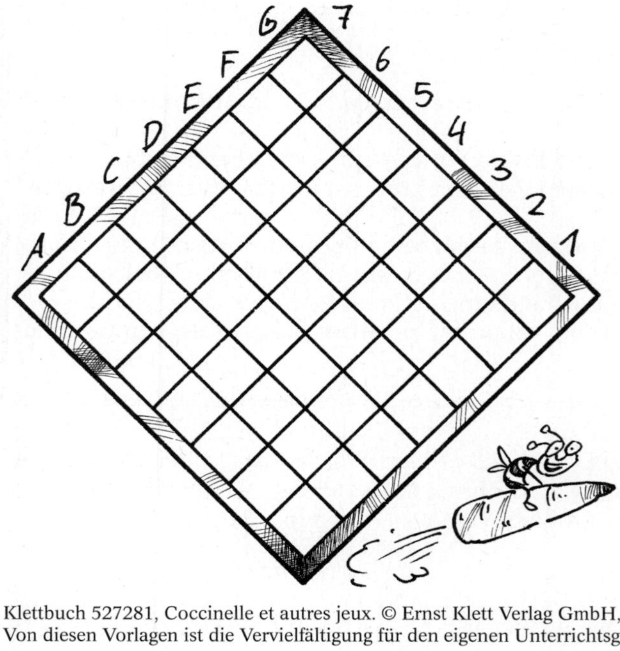

Groupe A: carottes

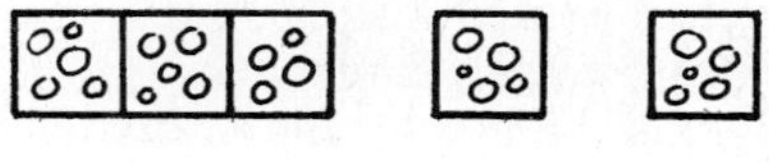

Groupe B: lapins

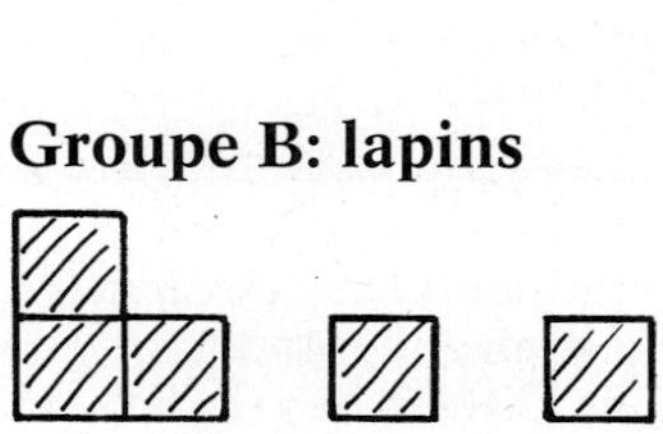

10 Le triangle magique

Hinweise für den Unterricht mit Spielregeln

Taktikspiel auf Folie zur Wiederholung und Übung in den Bereichen **Grammatik**, **Wortschatz**, **Landeskunde** und **Textarbeit**. „Le triangle magique“ kann dabei für nur **einen** der oben genannten Bereiche Verwendung finden, aber auch zur Wiederholung **aller genannten Bereiche in einem Spieldurchgang** eingesetzt werden. Darüber hinaus ist dieses Spiel zur **Gruppen- und Freiarbeit** geeignet und verliert auch bei öfterer Verwendung nicht seinen Reiz, da es stets mit neuen Inhalten präsentiert wird.

Empfohlener Einsatz: Gespielt werden kann „Le triangle magique“ nach der Durchnahme der entsprechenden landeskundlichen oder grammatikalischen Inhalte beziehungsweise nach der Besprechung des betreffenden Textes. Auch als Generalwiederholung vor einem Test ist es geeignet, da sowohl Wortschatz als auch Inhalte und grammatikalische Strukturen geübt werden können.

Vorbereitung: Entsprechend der Zahl der Felder auf der **Kopiervorlage 10A** werden 25 Arbeitsaufträge erstellt. Dies können sein:
- Sätze mit Lücken oder Sätze zum Umformen für den Bereich Grammatik;
- Definitionen, Synonyme, Antonyme oder auch Bilder für den Bereich Wortschatz;
- Fragen zu einem Text, zu Passagen eines Chansons oder zu landeskundlichen Inhalten und vieles mehr.

Der Phantasie der Lehrerin/des Lehrers sind hier keine Grenzen gesetzt. Für sehr schwierige Arbeitsaufträge empfiehlt es sich jedoch, als Ausweichmöglichkeit einige leichtere Fragestellungen bereitzuhalten, falls es keiner der beiden Gruppen gelingt den ursprünglichen Arbeitsauftrag zu lösen.
Benötigt werden die Spielfolie und 2 verschiedenfarbige, wasserlösliche Folienstifte.

Teilnehmer: 2 Gruppen.

Spielregeln
Die Folie liegt auf dem OHP, der Spielleiter arbeitet am OHP stellvertretend für die beiden Gruppen mit den Folienstiften, stellt die Fragen und kontrolliert die Richtigkeit der Lösungen. Die Klasse wird in zwei Gruppen unterteilt. Jeder Gruppe wird eine Farbe zugewiesen.
Gruppe A beginnt, indem sie ein beliebiges Feld der Spielfolie auswählt. Der Spielleiter stellt die diesem Feld zugeordnete Frage und bei richtiger Lösung wird das Feld in der Farbe der Gruppe markiert. Ist die genannte Lösung falsch, bleibt das Feld unmarkiert und kann im weiteren Verlauf des Spiels von jeder der beiden Gruppen bearbeitet werden. Dann ist Gruppe B an der Reihe.
Gewonnen hat die Gruppe, die als erste ein „triangle magique“ erobert hat: dies sind vier aneinander grenzende Felder, gemäß der rechts stehenden Abbildung.

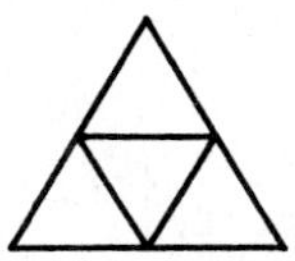

Gelingt es keiner der beiden Gruppen ein „triangle magique“ zu erobern, werden alle Aufgaben gelöst und Sieger ist die Gruppe mit den meisten eroberten Feldern.

Varianten

- Reizvoll ist es auch alle Arbeitsaufträge zu lösen und die Gruppe zum Sieger zu erklären, die **die meisten „triangles“** erobert hat.
- Durch das Abdecken der unteren Reihe mit Dreiecken auf der Kopiervorlage erhält man beim Kopieren ein verkleinertes Spielfeld von 16 Kästchen, das mit einer geringeren Zahl an Arbeitsaufträgen, also mit **weniger Zeitaufwand**, gespielt werden kann.
- „Le triangle magique“ kann auch als **Brettspiel** zur **Gruppen- und Freiarbeit** eingesetzt werden. Eine Gruppe besteht dann aus zwei Spielern und einem Spielleiter, wobei der Spielleiter das Blatt mit den Arbeitsaufträgen und den zugehörigen Lösungen vor sich haben muss. Auf Eindeutigkeit der Lösungen ist bei der Erstellung der Arbeitsaufträge zu achten. Das Spielfeld wird für jede Gruppe auf ein Blatt kopiert, benötigt werden darüber hinaus je zwei Farbstifte.

Hinweis: Wenn in einer frühen Phase des Spiels ein „triangle magique“ erobert worden ist, sollten zu **Übungszwecken** dennoch alle übrigen Arbeitsaufträge gelöst werden. Dies kann man als weiteren Wettbewerb gestalten: Gewonnen hat die Gruppe, die von den restlichen Feldern die größere Anzahl richtig gelöst hat.

10A Le triangle magique

11 Hexagone

Hinweise für den Unterricht mit Spielregeln und Arbeitsbeispielen

Dieses **Folienspiel** lässt sich im Bereich der **Wortschatzarbeit** einsetzen und ist geeignet zum Wiederholen von **Wortfeldern** und zum Üben der **Vokabeln** einer neuen Lektion. Es kann auch als **Brettspiel** für die Gruppen- und Freiarbeit verwendet werden.

Empfohlener Einsatz: Es ist nach dem Einführen des entsprechenden Vokabulars, auch in der Oberstufe zur Wiederholung von Wortfeldern, geeignet.

Vorbereitung: Das Sechseck der **Kopiervorlage 11A** beinhaltet 6 Spielfelder, nämlich die Wortfelder „bâtiments, magasins, moyens de transport, curiosités à Paris, les jours de fête, régions". Jedes Feld umfasst 8 Begriffe, die zu erraten sind. (Siehe Seite 37 oben.) – Die freie **Kopiervorlage 11B** ermöglicht eine eigene Auswahl. Nachdem L 6 Wortfelder ausgewählt hat, die wiederholt werden sollen, legt L zu jedem dieser Wortfelder 8 zu erratende Begriffe fest. Die Anfangsbuchstaben dieser Wörter werden nun in die betreffenden Kästchen der Spielfolie 11B eingetragen. Siehe auch die Anregungen für die freie Kopiervorlage 11B auf Seite 37. – Neben der Spielfolie 11A beziehungsweise 11B benötigt man 3 Würfel und 3 verschiedenfarbige, wasserlösliche Folienstifte.

Teilnehmer: 3 Gruppen.

Spielregeln
Die Folie wird auf den OHP gelegt. Der Spielleiter steht am OHP, kontrolliert die richtigen Antworten und „bedient" die Farbfolienstifte. Die Klasse wird in drei etwa gleich große Gruppen unterteilt. Jede Gruppe erhält einen Würfel und entscheidet sich für eine der drei Farben.
Gespielt wird nun folgendermaßen: Ein Spieler der Gruppe A würfelt. Die Augenzahl des Würfels entspricht je einem der zu bearbeitenden Wortfelder. Hat der Spieler zum Beispiel die Zahl 2 gewürfelt, so landet er bei Spielfolie 11A im Wortfeld „magasins". Nun sucht sich der Spieler einen Buchstaben in diesem Wortfeld aus, zum Beispiel „E". Die richtige Lösung wäre also „une épicerie". Wenn sich der Spieler den Buchstaben „B" aussucht, kommen als richtige Lösungen sowohl „une boulangerie" als auch „une boucherie" in Frage. Ist die genannte Lösung richtig, wird das entsprechende Feld in der Farbe der Gruppe markiert und kann von den anderen Gruppen nicht mehr „bespielt" werden. Ist die Lösung falsch, wird das Feld nicht markiert und kann weiterhin „erobert" werden. Dann ist die nächste Gruppe an der Reihe.
Sieger ist die Gruppe, die als erste pro Wortfeld zwei Kästchen erobert hat. Je nachdem wie der Würfel fällt, kann eine Gruppe natürlich mehr als zwei Felder in einem Bereich erobern und damit andere Gruppen blockieren.

Varianten

- **Variante Brettspiel:** „Hexagone" ist auch als Brettspiel für die **Gruppen- und Freiarbeit** zu verwenden. Benötigt wird dazu das auf festes Papier kopierte Spielfeld und ein Würfel. Jedes Team umfasst dann vier S: drei Spieler und einen Spielleiter. Jeder der Spieler hat seine eigene Farbe, mit der er die eroberten Felder markieren darf. Der Spielleiter kontrolliert die richtigen Lösungen anhand des ihm vorliegenden Arbeitsblattes. Auf Eindeutigkeit der Lösungen ist hierbei zu achten.
- **Variante mit Definitionen:** Will man ein ganz bestimmtes Vokabular ohne Ausweichmöglichkeiten abprüfen, empfiehlt es sich, zu den Vokabeln, die abgeprüft werden sollen, ein Arbeitsblatt mit Definitionen zu erstellen. Unser oben genanntes Beispiel würde dann wie folgt ablaufen: Der Spieler der Gruppe A wählt als Buchstaben das „B" in Wortfeld 2. Der Spielleiter liest die vorbereitete Definition vor: „Un magasin où on peut acheter du pain et des baguettes." Als richtige Lösung kommt lediglich „une boulangerie" in Frage.
- **Variante „élèves":** Wesentlich arbeits- und wiederholungsintensiver ist die Möglichkeit, zunächst von den S allein oder in Gruppenarbeit Wortfelder und Definitionen erstellen zu lassen, die dann zum Spielen verwendet werden. Dass L korrigierend mitwirkt ist selbstverständlich.

Wortfelder zur Kopiervorlage 11A, „Hexagone I“

Die in Klammern genannten Begriffe sind weitere Lösungsmöglichkeiten. L bleibt es überlassen eine exakt auf den Kenntnisstand der Klasse zugeschnittene Auswahl in die freie Kopiervorlage „Hexagone II“ zu übertragen. Dabei dürfen Kästchen eines Wortfeldes auch mit gleichen Buchstaben für unterschiedliche Begriffe belegt werden.

Bâtiments: une église, la gare, le château, le musée, la poste, un hôtel, le théâtre, la discothèque
(le cinéma; la maison; la piscine; un hôtel de ville, un hôpital ...)

Magasins: la boulangerie, le self-service, une épicerie, la cordonnerie, la pâtisserie, la librairie, une agence de voyage, le magasin d'ameublement
(la boucherie; le supermarché; la parfumerie, la poissonnerie ...)

Moyens de transport: la bicyclette, la voiture, le métro, le taxi, un avion, un hélicoptère, le poids lourd, le camion
(le bus, le bateau; le vélo; la moto, la mobylette; le train, le tram ...)

Curiosités à Paris: la tour Eiffel, l'Arc de Triomphe (m), Notre-Dame (f), les Champs-Elysées (m pl), le Sacré-Cœur, le Louvre, l'Opéra, le Musée d'Orsay
(le Centre Pompidou ...)

Les jours de fête: l'Ascension (f), le Jour de l'an, le 14 juillet, Vendredi saint (m), Noël (m), la Toussaint, Pâques (f pl), Mardi gras (m)
(l'Assomption (f), l'Armistice (m); la Pentecôte, le premier mai ...)

Régions: la Bretagne, l'Alsace (f), le Languedoc, la Provence, le Centre, la Normandie, Rhône-Alpes, l'Ile-de-France (f)
(la Bourgogne; l'Auvergne (f)...)

Wortfelder zur Kopiervorlage 11B, „Hexagone II“

Diese Wortfelder sind als zusätzliche Anregung für die freie Kopiervorlage „Hexagone II“ gedacht. L bleibt es überlassen je nach Kenntnisstand der entsprechenden Klasse Kästchen eines Wortfeldes auch mit gleichen Buchstaben für unterschiedliche Begriffe zu belegen. Natürlich können auch weitere Wortfelder erstellt werden.

Fruits: la pomme, la banane, une orange, le melon, la cerise, un abricot, le raisin, la fraise
(la poire, la prune, la pêche; le citron; la framboise ...)

Légumes: le concombre, la tomate, le haricot, la salade, le pois, un artichaut, le maïs, les épinards (m pl)
(le champignon, la courgette, la carotte; la pomme de terre, le poivron; une aubergine ...)

Vêtements: la jupe, le pantalon, la blouse, la chemise, la robe, un anorak, le manteau, le sweat
(le jean, le jogging; le pyjama, le pull; le bas, le blouson; la chaussette, la chaussure, le caleçon, la cravate, le chemisier; le maillot de bain; le slip de bain, le short; mit anderen Anfangsbuchstaben auch: une écharpe, le foulard, le tailleur, le T-shirt, la veste ...)

Sports: le ski, la natation, l'athlétisme (m), le volley, le tennis, le foot, la pétanque, le kajak
(le surf; l'alpinisme (m); le ping-pong, le patinage; mit anderen Anfangsbuchstaben auch: le basket, l'escalade (f), l'escrime (f), le golf, la gymnastique, le handball, le hockey, le judo, le rugby ...)

Animaux: le chat, la souris, la poule, le hamster, un ours, le mouton, le ver, la fourmi
(le chien, le cheval, le coq, le canard, le cochon, le cochon d'Inde; le perroquet, la perruche; un oiseau; la mouche; la vache, le veau; mit anderen Anfangsbuchstaben auch: un escargot, la dinde, le lapin, la tortue ...)

Voiture: la batterie, le volant, le pneu, le moteur, l'essence (f), l'huile (f), la roue, les freins (m pl)
(la bougie; le pare-brise, le pare-chocs, le phare; l'essuie-glace (m); la roue de secours, le rétroviseur; les feux (m pl) de détresse; mit anderen Anfangsbuchstaben auch: l'airbag (m), le système anti-blockage, le triangle, le tuyau d'échappement ...)

11A Hexagone I

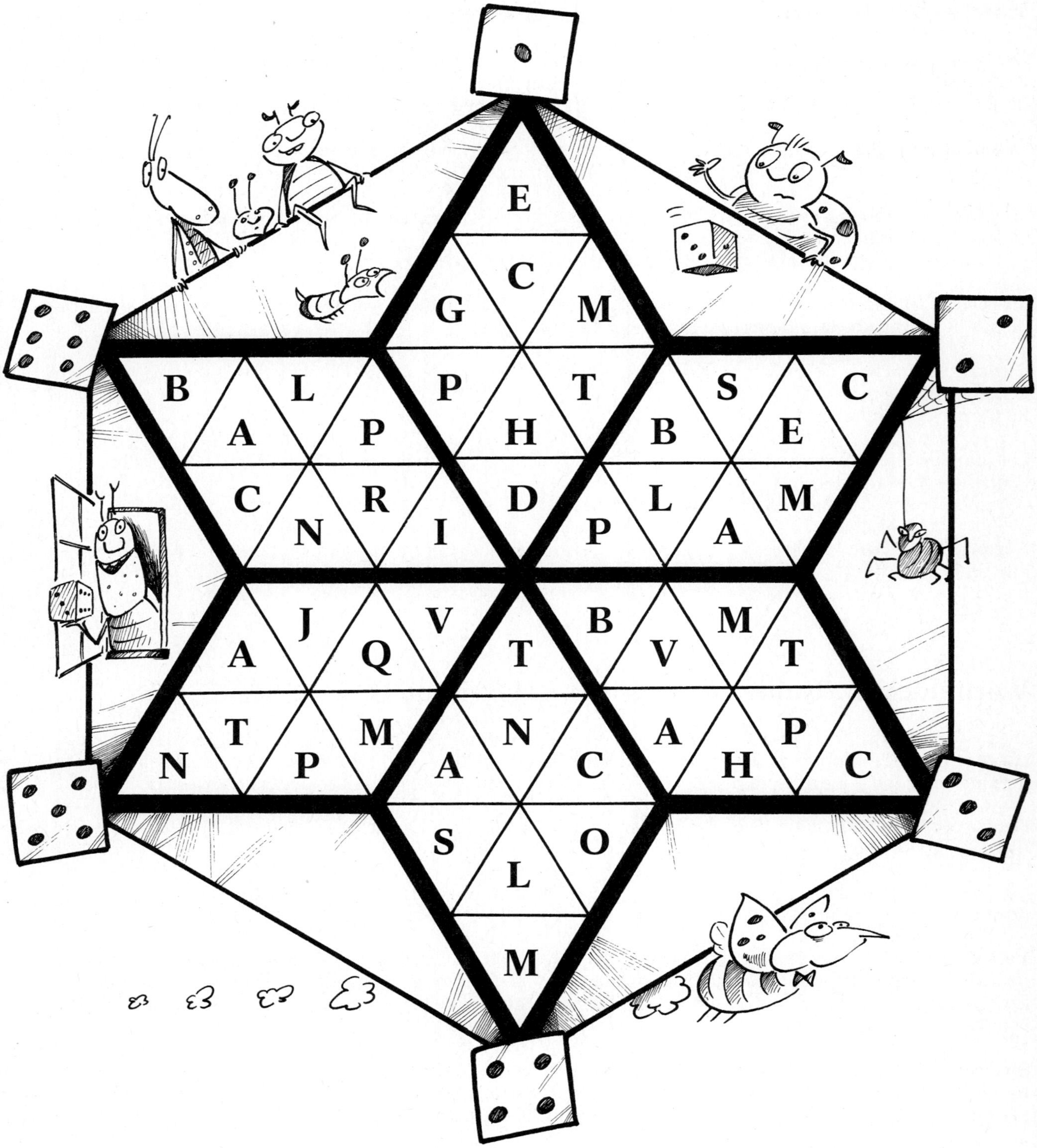

= bâtiments

= curiosités à Paris

= magasins

= les jours de fête

= moyens de transport

= régions

11B Hexagone II

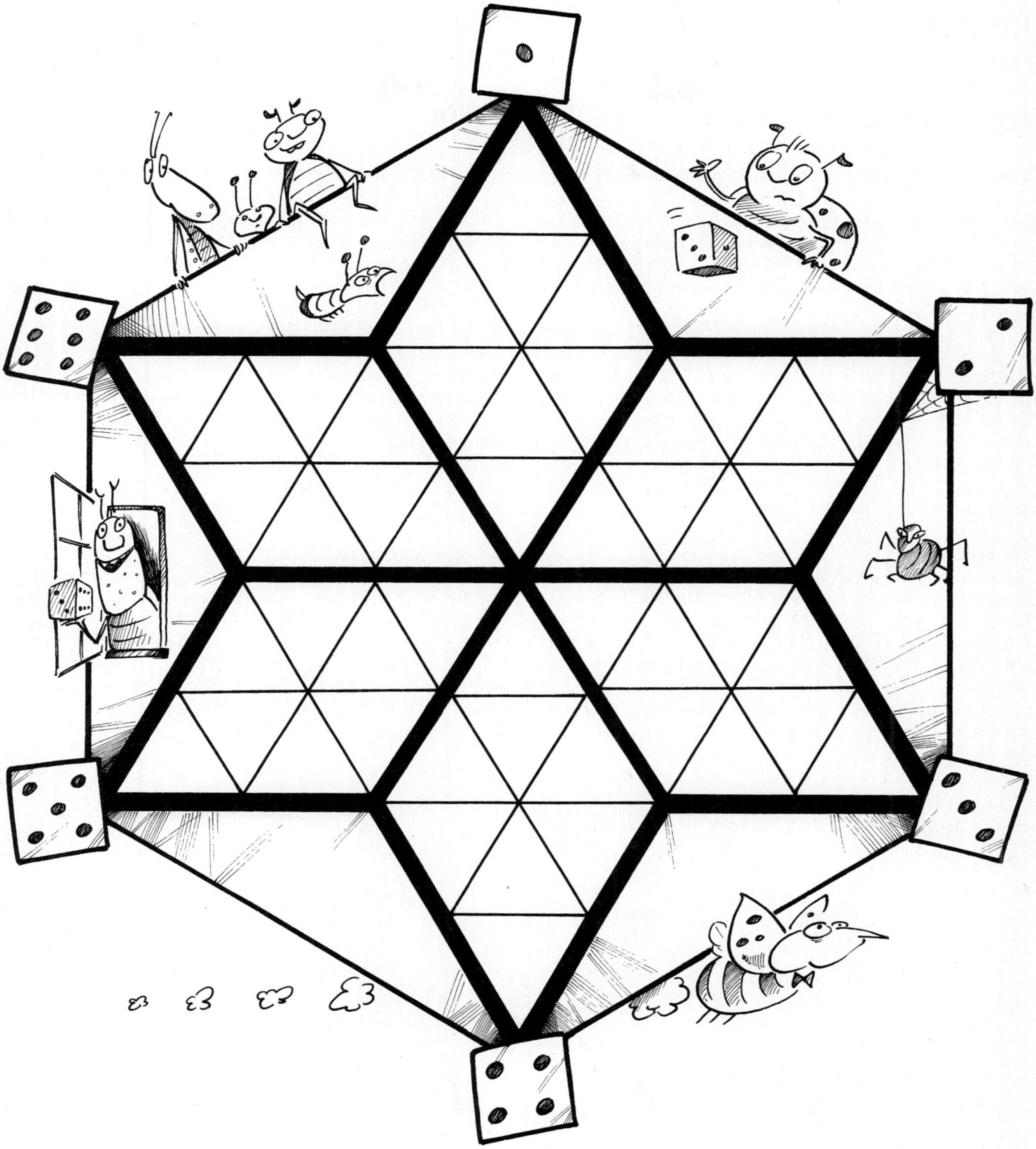

12 Pêle-mêle

Hinweise für den Unterricht mit Spielregeln

Taktikspiel auf Folie zur **Wortschatzwiederholung**, das auch als **Brettspiel** zu verwenden ist.

Empfohlener Einsatz: Das Spiel ist einsetzbar ab dem 2. Lernjahr. Die **Kopiervorlage 12A** leistet gute Dienste als „Einsteiger“ zu Beginn eines neuen Schuljahres, um den Vorjahresstoff aufzufrischen. Die kleinere Ausgabe „Pêle-mêle 18“, **Kopiervorlage 12B**, eignet sich zum Üben der neuen Vokabeln nach jeder Lektion oder Unterrichtseinheit. Das Spiel ist auch als Testvorbereitung einsetzbar.

Vorbereitung: Die didaktische Absicht des Spiels ist die Wiederholung von Wortschatz: Anhand vorgegebener Definitionen sollen die S die dazu passenden Wörter finden. Dazu müssen folgende Vorbereitungen getroffen werden: Der Spielleiter erstellt eine Liste von 32 beziehungsweise 18 Wörtern, die geübt werden sollen, und notiert diese mit den dazugehörigen Definitionen auf ein Arbeitsblatt. Als Ausweichmöglichkeit sollten einige weitere Wörter mit beliebigem Anfangsbuchstaben plus Definition bereitgehalten werden. Nun wird in jedes Kästchen der Spielfolie der Anfangsbuchstabe eines der Wörter eingetragen, siehe das Beispiel auf Seite 41. Benötigt werden außerdem 2 verschiedenfarbige, wasserlösliche Folienstifte.

Teilnehmer: 2 Gruppen.

Spielregeln
Die ausgefüllte **Spielfolie 12A**, „Pêle-mêle“, liegt auf dem OHP. Die Klasse wird in zwei gleich große Gruppen aufgeteilt. Jede Gruppe erhält eine Farbe zugeteilt. Die Spielrichtung für jede Gruppe wird festgelegt. Beispiel:
Gruppe A: Ours – gelber Folienstift – von links nach rechts;
Gruppe B: Apiculteur – lila Folienstift – von oben nach unten.
Ziel des Spiels ist für jede Gruppe, eine durchgehende Reihe aneinander grenzender Kästchen zu erobern: Für Gruppe A möchte der Bär zum Honigtopf gelangen, und zwar von einem beliebigen am linken Spielfeldrand liegenden Kästchen zu einem am rechten Spielfeldrand gelegenen Feld. Für Gruppe B möchte der Imker von oben nach unten zu seinen Bienenstöcken. Beispiel für einen möglichen Weg der Gruppe A:

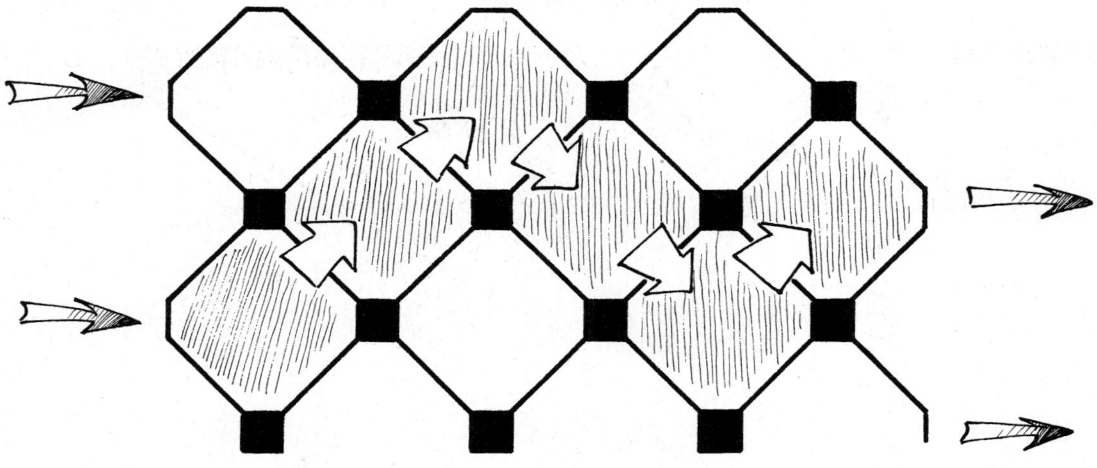

Gruppe A beginnt, indem sie sich ein beliebiges Feld auf der Folie aussucht, den entsprechenden Buchstaben nennt und vom Spielleiter die betreffende Definition vorgelesen bekommt. Errät die Gruppe A das richtige Wort, so hat sie das Feld erobert. Der Spielleiter am OHP markiert das entsprechende Feld in der Farbe der Gruppe (hier: gelb). Nun ist die andere Gruppe an der Reihe. Ist die genannte Lösung nicht richtig, so kann das Feld von der gegnerischen Gruppe erobert werden, wenn diese das Wort errät. Für den Fall, dass beide Gruppen scheitern, greift der Spielleiter auf eines seiner als Ausweichmöglichkeit vorbereiteten weiteren Wörter zurück.
Da die Felder beliebig gewählt werden können, besteht eine gute Taktik darin, den Gegner zu blockieren, indem die zu lösenden Felder entsprechend gewählt werden.
Sollte keine der beiden Gruppen eine durchgehende Reihe an Feldern erobern können, wird das Spiel dennoch zu Ende geführt und Sieger ist die Gruppe mit den meisten eroberten Feldern.

Varianten

• Wesentlich intensivere Wortschatzarbeit wird von den **Schülerinnen und Schülern** geleistet, wenn sie selbst die **Vokabeln aussuchen** und **Definitionen ausarbeiten**. Die Vorbereitung verläuft wie folgt: Zunächst arbeiten alle selbstständig. Jeder wählt sich einen beliebigen Buchstaben, notiert dazu zwei Wörter, die mit diesem Buchstaben beginnen, auf einen Zettel und schreibt die passenden Definitionen dazu. L sammelt alle Zettel ein und bereitet mit diesem Material die Spielfolie in der oben beschriebenen Weise vor. Vor allem bei größeren Klassen sollte hierzu die größere Spielfolie 12A verwendet werden. Wenn Buchstaben mehrmals auftauchen, ist dies unproblematisch. Wichtig ist, dass genügend viele Wörter und Definitionen vorhanden sind. Gespielt wird wie oben beschrieben, jedoch sollte vorher klargestellt werden, dass eine Schülerin oder ein Schüler dann aussetzt, wenn gerade ihre oder seine Lösung gefragt ist. Für diese Variante ist eine ganze Schulstunde zu veranschlagen.

• „Pêle-mêle“ kann auch als **Brettspiel** für zwei Spieler und einen Spielleiter und zur **Freiarbeit** verwendet werden. Die Kontrolle der richtigen Lösungen erfolgt durch den Spielleiter (Schülerin oder Schüler), der das Blatt mit Definitionen und Lösungen in Händen hat.

Beispiel zur Ausgestaltung eines Spielfeldteils: Bereich „Landeskunde“

B	(la **B**retagne)	La Pointe du Raz se trouve dans cette région.
C	(la **C**amargue)	Cette région est connue pour ses chevaux et ses taureaux.
T	(**T**oulon)	C’est un port en Provence, où on trouve des bateaux de guerre.
T	(le **T**arn)	Cette rivière est connue pour ses gorges.
C	(la **C**orse)	Cette île est liée à Napoléon.
P	(**P**aris)	la capitale de la France
S	(la **S**eine)	C’est le nom du fleuve qui traverse Paris.
P	(les **P**yrénées)	C’est une chaîne de montagnes qui se trouve à la frontière espagnole.

Variante „Pêle-mêle 18“, Kopiervorlage 12B

„Pêle-mêle 18“ umfasst weniger Felder und ist daher mit **geringerem Zeitaufwand** zu spielen. Siehe die oben stehenden Hinweise und Spielregeln. Jedoch muss der Engel den Himmel und der Teufel die Hölle zu erreichen versuchen.

12A Pêle - mêle

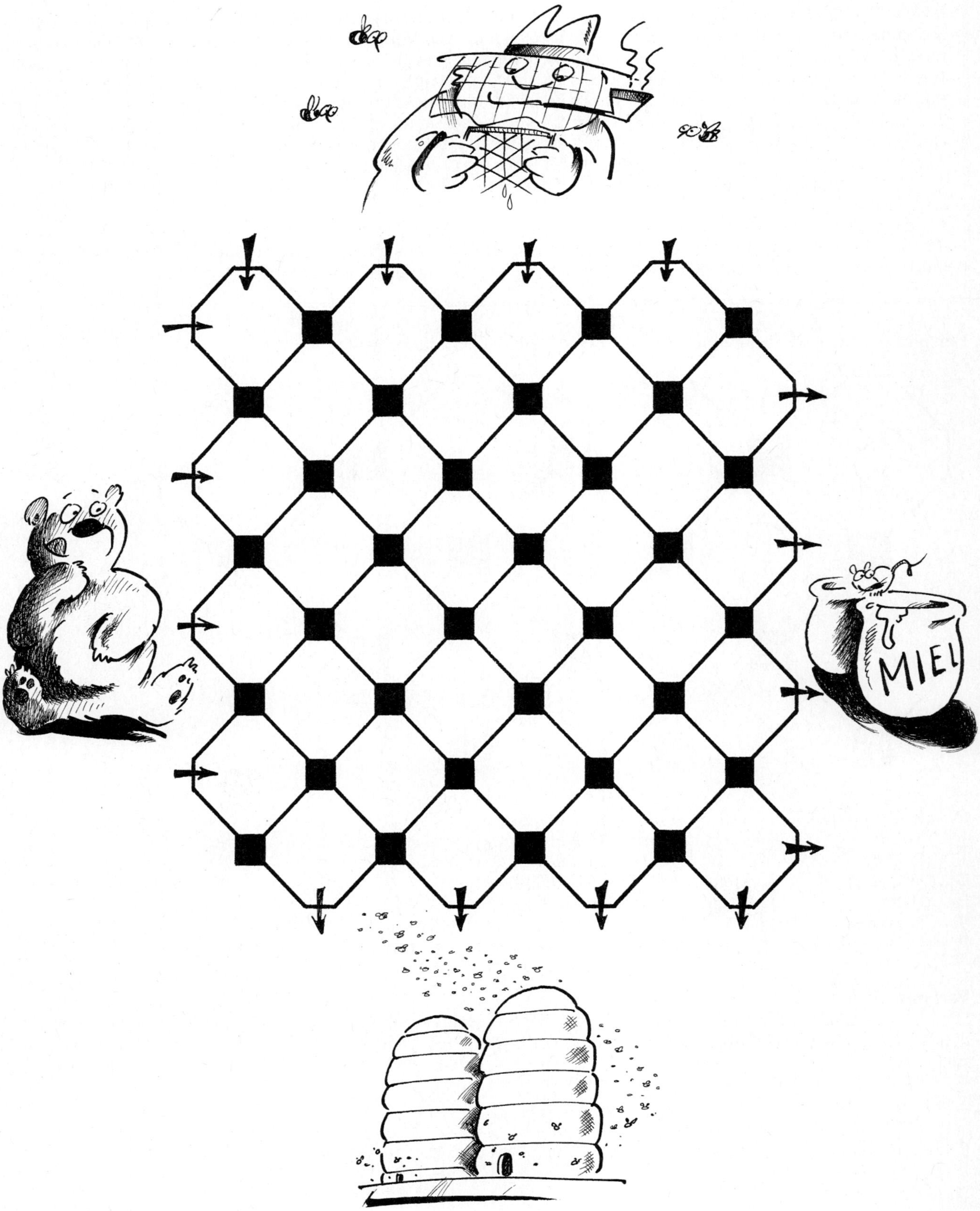

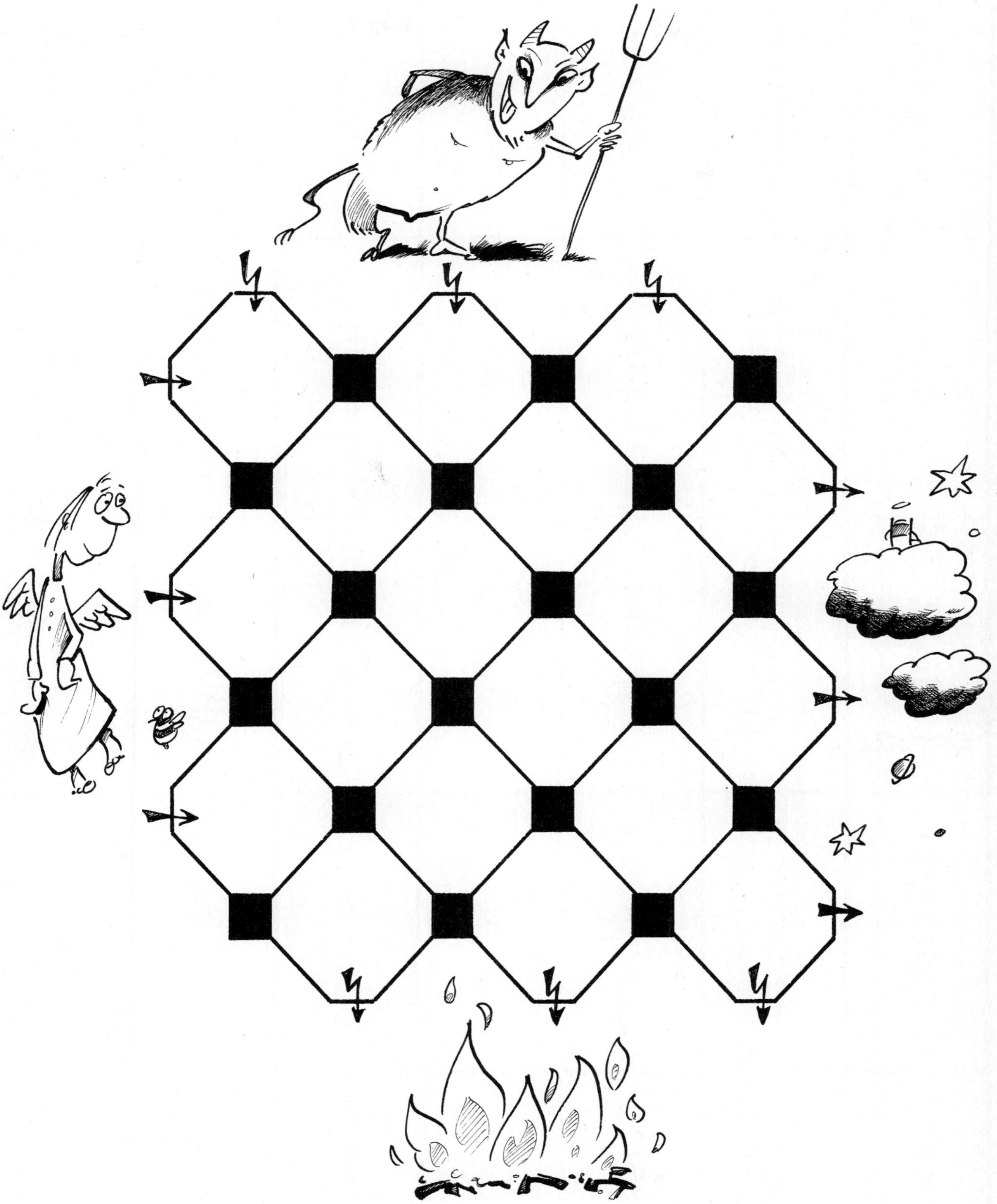

Spielkarten mit einer Auswahl regelmäßiger und unregelmäßiger Verben

s'en aller	arriver	boire	choisir	connaître	corriger	craindre
aller	apprendre	battre	chercher	conduire	convaincre	couvrir
aimer	appeler	avoir	chanter	comprendre	continuer	courir
aider qn	apercevoir qc	attendre	changer	compléter	construire	couper
acheter	s'amuser	s'asseoir	cacher	commencer	conquérir	coudre

croire	cuire	décider de faire qc	découvrir	décrire
déranger	descendre	dessiner	devenir	devoir
dire	discuter	disparaître	se disputer	donner qc à qn
dormir	écrire	emmener qn	employer	enlever
s'ennuyer	entrer	envoyer	espérer	essayer
être	s'excuser	expliquer	faire	finir
fuir	gagner	s'habiller	s'intéresser à qn/qc	interrompre

inviter	jeter	joindre	jouer	laisser
laver	se lever	lire	manger	mentir
mettre	monter	nager	s’occuper de qn/qc	offrir
ouvrir	parler	partir	passer	payer
perdre	permettre	se plaindre	plaire	poser
pouvoir	préférer	prendre	se promener	promettre
prononcer	protéger	quitter	raconter	se rappeler

recevoir	réfléchir	regarder	se réjouir	remplir
rendre	rentrer	répéter	répondre	rester
retourner	revenir	rire	saisir	savoir
sentir	servir	sortir	souffrir	sourire
suffire	suivre	se taire	tenir	tomber
toucher	tourner	traduire	trouver	vaincre
vendre	venir	vivre	voir	vouloir

Leerraster für selbsterstellte Spielkarten